SABEDORIA NOS NEGÓCIOS E NA VIDA

JOSÉ PAULO PEREIRA SILVA

Mais de 3 milhões de seguidores no Instagram

SABEDORIA NOS NEGÓCIOS E NA VIDA

IDEAL LIFE

Silva, José Paulo Pereira, 1973-

S586s   Sabedoria nos negócios e na vida / José Paulo Pereira Silva. – São Paulo : Ideal Life, 2022.

192 p. : il. color. ; 21 cm.

Inclui bibliografia.
ISBN 978-65-84733-15-2
ISBN e-Book 978-65-84733-16-9

1. Ética empresarial. 2. Negócios – Aspectos religiosos. 3. Sucesso nos negócios. 4. Autoajuda. I. Título.

CDD: 650.1
CDU: 65.011.1:2

Ficha catalográfica elaborada por Marta de Souza Pião – CRB 8/6466

Vice Presidente Ideal Books
Ewerton Quirino

Direção Geral Ideal Books
Fabio Heinzen Fonseca

Coordenação Editorial
Raquel Andrade Lorenz

Redatores
Aldair Pereira da Silva/Aline Pereira Cabral

Colaborador
Rackel Accetti

Capista
Rafael Brum

Projeto Gráfico e Diagramação
Editora Coletânea

*A minha família, aos amigos e colegas da jornada profissional,
que sempre sonham juntos e trabalham incansavelmente
em busca da excelência e do crescimento mútuo.*

SUMÁRIO

SUMÁRIO 7

PREFÁCIO 11

AUTOR 13

INTRODUÇÃO 15

1. **Sabedoria** 19

   Como se conectar com o seu tempo? 24

   O que podemos entender como sabedoria? .. 27

   Sabedoria e discernimento 29

   O que podemos aprender
   com pessoas sábias? 32

   Sabedoria: o que é e o que não é 36

2. **Como tomar decisões difíceis** 41

   Tire um tempo para pensar 42

   Faça uma lista e analise os prós e contras ... 42

   Dicas para tomar decisões difíceis 45

   Evite procrastinar 46

   Administre suas expectativas
   e evite estresse 46

   Peça conselhos a amigos 47

   Analise seus valores 49

   Teste suas decisões 52

Perguntas para fazer a si mesmo _____ 53

Tenha autocompaixão _____ 69

Controle suas emoções _____ 69

Saiba cobrar de si mesmo _____ 70

Sentimento de culpa _____ 70

Tente se conhecer um pouco mais _____ 71

**3. Sabedoria:
como tomar decisões difíceis** _____ **73**

Visão, direção e inteligência emocional _____ 75

Você é um grande criador _____ 87

4. Visão clara da vida _____ **91**

Identifique o momento _____ 97

Seja uma pessoa confiável _____ 104

Como reconhecer se uma
pessoa é íntegra ou não? _____ 107

Nem sempre o que você vê é o real _____ 108

5. O caráter das pessoas _____ **111**

Como saber o caráter de alguém? _____ 114

Observe os tipos de pessoa ao seu redor _____ 118

A importância das amizades _____ 122

6. Família e sociedade 131

Família como base 135

As bases de uma sociedade 138

Como sabemos se existe amor em uma família? 139

O valor da educação 145

7. Metas e constâncias 151

Evite viver no piloto automático 158

Focar o definitivo 160

Tenha mais de um plano 167

8. Resultados na vida e nos negócios 173

Lei da realidade 176

Faça o bem ao próximo 180

Virtudes que abrem portas 184

REFERÊNCIAS 189

QUEM SOMOS? 191

BÔNUS 192

PREFÁCIO

Tive a grata satisfação de conhecer o José Paulo Pereira Silva – PhD, empresário, consultor, empreendedor, mentor de empresários, desenvolvedor de pessoas e grande sonhador – em um curso de MBA, quando ele foi meu aluno em uma disciplina que lecionei. Sempre demonstrou ser aplicado e preocupado em desenvolver sua carreira. Fico feliz em poder ter feito parte de algumas de suas escolhas com meus ensinamentos e sugestões. Uma delas foi a de internacionalizar a empresa, atitude que trouxe mudanças muito positivas e significativas em seus negócios.

Agora ele me retribui com este convite para fazer o prefácio de sua obra *Sabedoria nos Negócios e na Vida*, tão completa e de grande necessidade para o público em geral. Em cada capítulo, ele conseguiu surpreender pelos ensinamentos técnicos abordados, levando o(a) leitor(a) a uma visão diferenciada para encontrar um propósito de vida.

A sabedoria é um dos nortes da vida do autor, que aprendeu desde cedo que é preciso se manter firme em seus valores ao longo da jornada, mesmo quando as opções e os rumos parecem conflituosos. A convivência positiva no seio familiar criou uma base concreta para a construção de novas obras e caminhos.

Frente às dificuldades da vida moderna, viu-se em busca de uma carreira sólida e proveitosa, que permitisse mais tempo junto à família e que viabilizasse a concretização de seus planos e sonhos. Muitos foram os amigos encorajadores e os familiares pacientes que seguiram a seu lado nessa trajetória, conferindo o apoio necessário para sua força e coragem, mesmo nos momentos difíceis.

Hoje, o empresário compartilha os ensinamentos adquiridos ao longo de sua caminhada para aqueles que alme-

Sabedoria nos negócios e na vida

jam viver a sabedoria como uma lógica de vida, presente na vida pessoal e profissional. Como ele mesmo aponta em sua obra, é preciso se cercar de bons exemplos e de pessoas inspiradoras para ter as direções necessárias para chegar onde se quer. Na trajetória do autor, cada momento e descoberta são guiados pela força de um caminho correto e fascinante.

A cada página, é possível sentir a condução de José Paulo que, de forma muito leve, consciente e fundamentada, leva o(a) leitor(a) por caminhos importantes da vida atual, para facilitar o encontro com o seu propósito.

Neste livro, você encontrará temas que foram trabalhados com muita sabedoria, para levar o(a) leitor(a) a refletir sobre a excelência de cada um, para a vida pessoal e profissional.

Recomendo este livro a todas as pessoas e parabenizo o autor pelo exemplo a ser seguido, pois, a partir desses conhecimentos e da aplicação prática da sabedoria em sua vida, passou de vendedor de sacolas plásticas a fundador de um grupo multimilionário que emprega centenas de pessoas – o Grupo Ideal Trends, hoje com sede nos Estados Unidos – USA.

Rafael Olivieri Neto, PhD.[1]

---

1   CEO da Competency – Avanço Profissional Global, Professor de Pós-Graduação da FGV Management e outras Instituições de Ensino. Autor e coautor de livros publicados no mercado, Coordenador do Programa Carreira sem Fronteiras e Coordenador do Programa de Pós-Graduação da FCU – Florida Christian University, no Brasil e na Angola.

AUTOR

José Paulo Pereira Silva é graduado em Engenharia de Produção, Mestre e Doutor em Administração de empresas e Pós-Doutor em Relações Internacionais pela Florida Christian University (FCU/USA). É presidente e fundador do Grupo Ideal Trends, atualmente com mais de 30 empresas, clientes em 30 países e projetos de crescimento exponencial. Formou centenas de empreendedores e tornou colaboradores seus sócios. "Dividir é multiplicar!".

José Paulo também é pastor na Igreja-Escola Ideal Way, onde busca evangelizar e mobilizar pessoas com métodos e ferramentas de ensino e aplicabilidade bíblica, além do equilíbrio das sete áreas da vida.

José Paulo Pereira é casado, pai de quatro filhos. Desde sua juventude sempre foi ávido por resultados e muito trabalho.

Com uma visão aguçada para novos negócios, José Paulo não se limita apenas ao próprio crescimento, mas dedica-se também à formação e à mentoria de milhares de pessoas, dando a oportunidade para seus colaboradores de tornarem-se sócios de suas empresas de forma meritocrática e seguindo seu modelo de liderar pelo exemplo, com a aplicação da cultura para todos no Grupo.

Durante esse período, por meio de seus direcionamentos, transformou pessoas simples e dedicadas em empresários de grandes resultados, entre eles, jovens que já possuem sua liberdade financeira.

Tendo como base a integridade, resultados, constância e fé, e por acreditar que dividir é multiplicar, José Paulo tem prazer em passar todo seu conhecimento para o desenvolvimento de pessoas em diversas áreas do mercado.

INTRODUÇÃO

Caro(a) leitor(a),

Quantos tombos levamos na vida e nos negócios por falta de sabedoria para lidar com as adversidades?

Acredito que todos temos referências de pessoas sábias em nossa história.

Minha grande inspiração de sabedoria e coragem é a minha avó, que ficou viúva aos 46 anos e com dez filhos decidiu mudar de cidade para iniciar uma nova jornada. Levou uma muda de roupa, carne salgada e lenha para manter os filhos alimentados e aquecidos. Ela sabia lidar com as adversidades de um jeito único. O cuidado, a disposição de abraçar o desconhecido e a preocupação de longo prazo de minha avó revelam a sua capacidade de ir além, de olhar para o futuro e garantir resultados positivos com as suas atitudes no presente.

Para você que está me conhecendo agora, venho de uma família simples e humilde e morei por muitos anos em uma região pobre da Zona Sul de São Paulo. Empreendi em diversos negócios malsucedidos e quebrei por diversas vezes.

Me dediquei incansavelmente a adquirir conhecimento. Achava que apenas tê-lo era suficiente para crescer na vida, mas descobri que ele não é suficiente sem a sabedoria – esta vai muito além, permeia a análise de valores, crenças, moral e ética. O conhecimento é o conjunto de experiências e coisas que se conhece, enquanto a sabedoria se refere à forma como se utiliza esse conjunto. Não adianta ser um grande conhecedor de boas técnicas de venda, por exemplo, se você não as coloca em prática.

Foi então que minha vida mudou quando aprendi a colocar em prática todo o conjunto de conhecimentos que obtive com meus fracassos.

Vivendo um momento extremamente desafiador, no qual consegui fazer uma grande venda, mas o cliente não me pagou, sofri um grande calote e mais uma vez vi meu negócio ruir. Cheguei a passar fome com apenas R$ 0,35 no bolso, o suficiente para comprar uma esfirra em uma rede de fast food. Me senti derrotado, perdido e na ocasião precisei tomar uma importante decisão. Lembrando da minha avó e dos seus ensinamentos de sabedoria e ousadia, tudo mudou.

Foi apenas uma decisão, utilizando a plena sabedoria, que mudou o meu destino para sempre.

Passei de vendedor de sacolas plásticas a fundador de um grupo multimilionário que emprega e gera oportunidades para milhares de pessoas ao redor do mundo – o grupo Ideal Trends.

A Bíblia sempre foi uma grande fonte de sabedoria em minha jornada. Em Efésios 5:16-16 encontramos uma mensagem que vem ao encontro de tudo que estamos conversando sobre utilizar a plena sabedoria: "Tenham cuidado com a maneira como vocês vivem, que não seja como insensatos, mas como sábios, aproveitando ao máximo cada oportunidade, porque os dias são maus".

Ou seja, serão os dias difíceis que irão te alavancar para os movimentos na sua vida. Eles trarão aprendizados e oportunidades. Vencer os dias difíceis é extremamente glorificante. Pense nisso!

Hoje, finalmente consegui atingir o equilíbrio em todas as áreas da minha vida: familiar, profissional, pessoal, espiritual, social, financeira e cultural. Tenho uma família abençoada, sou pai de quatro filhos maravilhosos e tenho uma esposa companheira e dedicada.

Mas, até chegar aqui, houve uma árdua caminhada, e você leitor(a) terá acesso às principais ferramentas e práticas que desenvolvi. Busquei, em cada página e capítulo desta obra, trazer lições práticas e construtivas para que você possa encurtar significativamente seus caminhos nessa busca tão nobre pelo saber.

Gosto de dizer que ter sabedoria é uma jornada que envolve autoconhecimento, compaixão, bondade e ética. A sabedoria está intimamente ligada a buscar conhecimentos e aceitar conselhos. E, durante a minha jornada, aprendi a me cercar de pessoas sábias, tanto na minha vida profissional quanto pessoal.

Muitos filósofos e pensadores nos trazem afirmações ao longo da história de que a sabedoria não é algo que se aprende apenas com estudos, por meio de metodologias específicas; a verdadeira sabedoria deve ser cultivada ao longo da vida, por meio das nossas experiências, erros e acertos. Mas quantos erros cometemos até adquirir a plena sabedoria, não é mesmo?

A sabedoria é democrática e acessível a todos. Cada um de nós possui a sua. Basta ter a mente e o coração abertos para os aprendizados que a vida nos proporciona diariamente.

Se tivesse tido a oportunidade de acessar todo o conhecimento que reuni nesse livro durante a minha própria caminhada, talvez meu trajeto teria sido muito mais leve e suave.

E, para ajudar nesse percurso, lhe aconselho a imergir nessa leitura, que irá no mínimo despertar uma faísca de reflexão sobre o modo como você está construindo a sua vida.

Boa leitura!

José Paulo Pereira Silva.

1. SABEDORIA

O que faz de alguém uma pessoa sábia? Sabedoria é a qualidade que dá sensatez, prudência e moderação à pessoa. Está relacionada a um conjunto de saberes que contempla uma manifestação de conhecimentos, constituídos basicamente pela experiência vivida. Ela possibilita avaliar, interpretar e discernir com equilíbrio e assertividade. É a capacidade de combinar um conhecimento adquirido por experiência e a compreensão inata. É a aplicação sábia e lógica do conhecimento.

Podemos também pensar que a sabedoria é o julgamento global e a percepção de situações e eventos. Ela está presente ao longo de toda a história da humanidade. Podemos olhar para trás para ver exemplos de como ela é descrita e de como influenciou sociedades ao longo do tempo. A ideia de sabedoria aparece já nos textos da Bíblia, sendo mencionada como um dos atributos de Deus. Essa ideia pode soar um pouco abstrata, mas podemos trazê-la para a nossa sociedade: a sabedoria está presente nos saberes adquiridos e assimilados pelas experiências vividas, erros e acertos.

A palavra para sabedoria em hebraico é *hakam*, que significa sabedoria, habilidade ou prática. É interessante pensar na ideia de um sábio como alguém hábil, não é mesmo? Afinal, o termo "hábil" remete a pessoas que conseguem colocar em prática aquilo que se propõem a fazer, executando tarefas da melhor maneira possível. De acordo com a Bíblia, este é um dom divino, concedido aos homens como um espírito de sabedoria para o trabalho. Sabedoria, nessa circunstância, não significa sentar-se sob a sombra de uma árvore e refletir sobre o sentido da vida; significa usar seus interesses, talentos e esforços para fazer algo produtivo e proveitoso, relacionando-a com a habilidade, a profissão.

Sabedoria nos negócios e na vida

A sabedoria se manifesta na compreensão das coisas passadas e na assimilação do presente, compreendendo que o agora é responsável pelo futuro desejado.

@josepaulogit

Sabedoria

A Bíblia também traz histórias que ajudam a ilustrar a aplicação da sabedoria na vida e na tomada de decisões. Uma delas é a de Salomão, coroado rei de Israel com apenas 12 anos. Diante de Deus, ele poderia ter feito o pedido que desejasse, mas sua escolha foi pela sabedoria para governar seu povo, o que foi concedido a ele. No livro dos Provérbios, Salomão apresenta suas leis de conduta e um dos maiores entendimentos advindos de sua sabedoria. Que tal olharmos para o que é dito é pensar em como podemos aplicar essas orientações em nosso cotidiano?

Se você entra em uma casa com um pão e o compartilha com os presentes durante a refeição, ele acabará. Se você entra em uma casa com a mente e o coração repletos de sabedoria e compartilha suas ideias e pensamentos com os presentes, sua sabedoria não termina porque você compartilhou. A sabedoria não é um bem físico, mas sim um conhecimento capaz de mobilizar pessoas e situações. Ela pode facilitar o seu dia a dia e permitir que suas escolhas sejam as melhores possíveis.

A sabedoria consiste em aplicar as formas de conduta adequadas em sua vida e transbordar aos outros o seu conhecimento, de modo que a riqueza seja, assim, conquistada com ações baseadas em princípios de sabedoria.

A estratégia de aplicar a sabedoria a todos os aspectos da vida indica benefícios de várias formas!

Sabedoria nos negócios e na vida

Excesso de passado causa angústia. Excesso de futuro gera ansiedade. Excesso de presente produz estresse.

@josepaulogit

REFLITA

Quais outros benefícios da conduta sábia você consegue pensar?

Note nos exemplos que demos que as ações de uma pessoa sábia não se restringem a um dos campos de sua vida. A sabedoria tem esse caráter – viver a sua verdade em todos os momentos, mesmo diante de dificuldades. Isso implica também na compreensão de nossa identidade: corpo – mente – espírito. O espírito alimenta e retroalimenta a mente com doses de sabedoria; o corpo age e reage de acordo com as convicções da mente; a mente confronta e analisa os conhecimentos adquiridos para tomar uma decisão. A decisão tomada deve ser fruto de um bom discernimento. Um bom discernimento é realizado com sabedoria.

É necessário usar de sabedoria para relacionar os acontecimentos do passado com as consequências no presente – e também para compreender que as ações do presente produzirão resultados no futuro. Por que esse equilíbrio é importante?

Na prática, nem sempre é fácil encontrar esse equilíbrio. Para isso, vamos propor aqui um exercício:

EXERCÍCIO

Pense no seu passado. O que você gostaria de alterar?

Agora, pense no que você aprendeu nessa situação.

No seu presente, você vive as consequências desse aprendizado?

Se você estiver em uma situação parecida novamente, como pretende agir?

_____

_____

Com esse exercício, esperamos chegar a uma reflexão: embora não se possa alterar o passado, você pode e deve aprender com ele. Os caminhos corretos percorridos no passado servem de exemplo e podem ser ainda melhorados. Os erros devem ser objeto de estudo e aprendizado, para que não se repitam.

O presente é o que realmente você pode fazer agora. Olhe para o passado e veja o que precisa ser corrigido agora – e faça! O presente consiste em estar e ser. Estar trabalhando e produzindo. Ser determinado e sábio em suas resoluções.

Assim como o passado não pode ser alterado, o futuro não pode ser antecipado. O que você pode fazer em relação ao futuro é se preparar agora para as possíveis necessidades que se apresentarão.

COMO SE CONECTAR COM O SEU TEMPO?

É comum as pessoas que vivem remoendo o passado serem tristes e angustiadas. Os erros ficam rondando o presente e interferindo nos resultados do agora. Os sentimentos de perda e fracasso contribuem fortemente para a depressão. Existem ainda pessoas querem fugir da realidade e viver em um mundo de sonhos. Existem aquelas que não passam um dia sem mergulhar profundamente em um filme. Outras aguardam ansiosas o capítulo da novela ou da série. Há aquelas que consomem um quarto de sua vida na internet ou em atividades variadas, buscando a sensação momentânea de pertencimento e sucesso.

Sabedoria

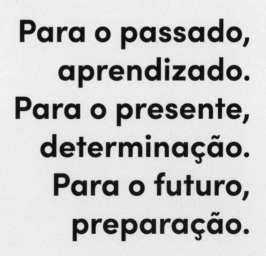

**Para o passado, aprendizado.
Para o presente, determinação.
Para o futuro, preparação.**

@josepaulogit

Sabedoria nos negócios e na vida

ATENTE-SE

Alguns tipos de satisfação acabam assim que certa atividade é encerrada. Assim, o entretenimento se torna um vício, uma fuga da realidade. É preciso ter cuidado: o tempo perdido nessa teia de ilusão não volta mais. Essa sensação de tempo perdido nos faz pensar no passado, nas coisas não realizadas e naquilo que talvez não tenhamos no futuro... Esse é um exemplo de como desperdiçar o seu tempo.

O ser humano é a única espécie que tem consciência de que irá morrer. Por isso se preocupa com o tempo. Desta forma, queremos melhorar nossas condições de vida e sobrevivência agora, para uma vida mais longa e promissora. Com isso, às vezes nos esquecemos do presente. O agora também é objeto para a aplicação da sabedoria. Muitas pessoas estressadas utilizam mal o seu tempo. O tempo é um recurso indescritível, único e finito. Existe uma só quantidade de tempo e você não poderá aumentá-lo, independentemente do que faça. Utilizar seu tempo com sabedoria é fundamental para uma vida plena e de sucesso. Não importa se você deseja ou não o consumir – ele não para. Por isso, em relação ao tempo, só resta uma coisa: saber se ele será usado de forma proveitosa ou se será desperdiçado.

E, na prática, podemos fazer isso por meio da sabedoria. Analise agora com sabedoria o tempo. Por exemplo: quando você assina um contrato de trabalho, está vendendo parte do seu tempo. A unidade "tempo" é igual para todos os seres humanos, e você tem a mesma quantidade de tempo que os demais.

Para efeito de estudo, suponha uma pessoa com uma renda mensal de $ 900,00. Isso significa dizer de forma prática que ela ganha $ 30,00 por dia de trabalho (sabemos que as pessoas de forma geral não trabalham 30 dias no mês, mas para cálculos trabalhistas essa é métrica). Cada vez que ela consome $ 30,00, está pagando com um dia de trabalho.

Agora, imagine outra pessoa cuja renda mensal é de $ 9.000,00. Usando o mesmo raciocínio, pode-se dizer que diariamente ela tem como renda $ 300,00. Então, consumindo $ 300,00 com algum produto ou serviço, é possível dizer que ela precisa de um dia trabalho para isso.

Observando as duas rendas, você pode concluir que para as duas pessoas o custo das coisas não é o mesmo. A segunda pessoa, com um dia de trabalho, pode consumir dez vezes mais que a primeira. Esse é um pequeno exemplo de sabedoria. Conhecer o que deve ser conhecido, entender a relação para poder discernir e ter sabedoria para escolher.

O QUE PODEMOS ENTENDER COMO SABEDORIA?

Iniciamos esse capítulo com a história de Salomão. Ela também nos permite pensar sobre uma importante lição: o pedido do pequeno rei não foi por fortuna, facilidades e privilégios – mas sim por sabedoria. Sabedoria para se comportar de forma digna e produtiva na vida. Para que lhe fosse concedido discernimento na condução de suas atividades e negócios.

Todos temos um conjunto de valores, não é mesmo? A verdadeira sabedoria inicia-se quando se vive de acordo com essa realidade em nosso modo de vida. No caso de Salomão, foi viver de acordo com a lei de Deus.

Quando pensamos em nossa rotina e nas atividades diárias, precisamos refletir sobre produtividade, resultados e atividades. Quando olhamos para a natureza, vemos que uma árvore deve passar por todo o processo: absorção de nutrientes, crescimento e produção de bons frutos – um ciclo completo. Essa é uma boa metáfora para entendermos como, de forma sábia, deve ser o nosso processo nessa jornada chamada vida.

Nem sempre iremos concordar com as coisas da maneira como elas se apresentam. Podemos estar em uma situação desfavorável ou identificar problemas na sociedade sobre os quais não devemos nos calar. Tudo isso pode mudar quando agimos de modo diferente, e isso é uma maneira de demonstrar sabedoria.

ATENTE-SE

Busque agregar valor, renovar, inovar nos negócios e na profissão. Diferencie-se dos concorrentes. Não se acomode, questione o que não considere correto. Proponha mudanças para melhor, busque uma forma de transformar, de melhorar a vida das pessoas. Saber discernir sobre o que se aprende e se conhece é a forma de melhorar a vida.

Há uma história que conta que um rabino ensinava sobre sabedoria para um grupo. Ele perguntou se os ouvintes prefeririam ter em uma viagem um cavalo veloz ou um pangaré, que é mais lento na caminhada. Todos responderam que preferiam o cavalo veloz. Mas o rabino respondeu: depende se estou no sentido certo ou no sentido errado da estrada. No sentido certo, um cavalo veloz é a melhor escolha. Mas, no sentido errado, é melhor o pangaré, pois ao descobrir o erro não terei ido muito longe nele.

A sabedoria, muitas vezes, apresenta um resultado final obvio, mas que não era esperado. Tem a característica de leveza e tranquilidade.

Você já deve ter ouvido a expressão "separar o joio do trigo". Ela tem origem na parábola que compara as semelhanças dessas variedades para os agricultores, que devem separá-las da maneira mais cautelosa possível, a fim de não ter prejuízos. O mundo, assim como um campo de trigo, apresenta várias formas de joio – as incertezas quanto à insegurança, os desafios nos negócios com a presença de pessoas inescrupulosas, o medo recorrente com problemas de saúde, alimentação e vícios. O mundo seria melhor se não existissem essas dificuldades, mas todas elas são oriundas das decisões do próprio homem. A pergunta correta que você deve fazer é: estou sendo trigo ou joio nesse mundo?

Se pensarmos de forma sábia, quanto tempo é necessário para acabar com toda a adversidade do mundo? Desonestidade, iniquidade, corrupção, violências em geral. O tempo necessário para acabar com tudo isso é menos de um segundo. Se a partir deste instante todas as pessoas do mundo assumirem completamente as suas responsabilidades e deixarem de forma total todos os vícios e todas as irregularidades nas condutas humanas, todas as atribulações cessarão. Isso é uma escolha associada à sabedoria.

Todos passam por situações desafiadoras, inclusive as pessoas que admiramos. Elas agem pelo exemplo, tomando decisões positivas quando são colocadas à prova. É fundamental agir de forma proativa, oferecendo uma alternativa ao mundo.

A sabedoria não é sobre a força da mente, é sobre manter um coração cheio de reverência, tomando decisões práticas para realizar aquilo que é correto para o individual e para o coletivo. Sabedoria diz respeito às escolhas certas, ponderadas com bom discernimento.

SABEDORIA E DISCERNIMENTO

Todos os resultados que você já teve até agora são consequências de escolhas feitas anteriormente. Talvez algumas não tenham dependido de você, mas consideremos que é assim com todas as pessoas. Isso quer dizer que você tem escolhas, tem o livre-arbítrio para dar direcionamento e sentido à sua vida. Quanto melhor for seu poder de escolha, melhores serão os resultados para sua vida. É isso mesmo: o que lhe confere um melhor poder de escolha é conhecimento e discernimento.

Imagine alguém que estudou, se preparou profissionalmente, leu vários livros, mas não sabe como decidir sobre várias coisas. Não sabe como educar seus filhos. Não sabe como intervir nas situações difíceis. É inseguro nas escolhas. O que está faltando é sabedoria! É ela que concede o poder de discernir sobre as demandas da vida.

Por que às vezes temos a impressão de que a vida do vizinho é melhor e mais fácil que a nossa? Porque não conhecemos a fundo o que ele passa e o que passou para ter aquela vida. Não conhece as experiências, as vivências dele. Por isso, não se compare com outras pessoas. Viva suas próprias experiências com sabedoria.

A sabedoria, por exemplo, condena o falso mérito. Você sabe o que isso? Falso mérito é quando você conquista alguma coisa sem agregar valor. Por exemplo, observe o número de pessoas que já ganhou na loteria e depois perdeu todo prêmio. Isso ilustra a ideia de que não adianta você ganhar algo no qual não está preparado para ter. Você precisa de conhecimento sobre as coisas para poder discernir sobre elas e de sabedoria para aplicar a melhor decisão.

No mundo do trabalho, também não faltam exemplos. Um deles é o do colega de trabalho que fica na cola dos companheiros, esperando que os demais resolvam as situações, enquanto ele mesmo faz muito pouco ou quase nada. No final do processo, a equipe toda recebe os parabéns pelo bom desempenho, inclusive ele, que fez parte da equipe. No final do mês, todos recebem os mesmos salários. Mas, na primeira adversidade, esse funcionário não resiste às avaliações profissionais. Isso porque ele não agrega valor, não retém os conhecimentos, as habilidades utilizadas no trabalho e não tem o companheirismo necessário para essa tarefa. É uma falsa conquista.

Quando você não busca sabedoria, o tropeço é inevitável. Trilhar um caminho desconhecido traz grandes riscos de você se perder, mas é possível aprender com experiências passadas ou com o apoio dos outros. É preciso, porém, certificar-se de que essa outra pessoa que você busca para adquirir conhecimentos seja realmente uma pessoa sábia e que compartilhe os mesmos valores que você.

Sabedoria não é saber tudo, não é conhecer tudo. É saber que tudo tem uma explicação, independentemente de sabê-la ou não. Ela aponta o caminho certo, mostra qual é a decisão acertada. Traz a compreensão simples, mas fundamental, de que você é um órgão vital de seus círculos, como de sua família. Se você vai mal, sua família vai mal. Todos, jovens ou adultos, são importantes, um elemento vital de suas famílias. Aproveite, ouça o que sua família tem a dizer e aprenda com ela, mas também busque transmitir o conhecimento que você adquiriu, em uma relação de trocas mútuas.

O conhecimento é objeto de estudo desde épocas remotas, em que ele era identificado como fruto da razão. As ideias identificam o conhecimento, que pode ser considerado ligado à capacidade de compreender, aprender e entender as coisas. A primeira fase para se estabelecer uma análise científica sobre algo é conhecê-la. Depois, entender se é possível melhorar algo e como fazer isso. Por exemplo: ao observar uma planta, o pesquisador precisa adquirir todo o conhecimento possível sobre ela – a qual clima ela se adapta, a altura que atinge, as características de seus galhos e folhas, sua necessidade de luz, água etc. Após conhecer essa planta, o pesquisador pode estabelecer algumas técnicas que irão melhorar sua condição. Isso significa dizer que é possível, com o conhecimento, discernir sobre a melhor técnica para o cultivo da planta.

O discernimento é a capacidade de avaliar sobre o que se conhece e decidir de forma sábia sobre isso. É a sabedoria para compreender o que é certo e o que é errado. Entenda: não basta ter conhecimento e não saber o que fazer com ele. Atualmente, temos livre acesso a vários conhecimentos por meio da internet, mas isso não significa que sempre sabemos como utilizá-los. Se soubéssemos, estaríamos todos vivendo em plenitude. Estamos sempre cercados de dificuldades existenciais, financeiras e comportamentais. Isso acontece, muitas vezes, quando falta discernimento, e esse discernimento está intimamente ligado à sabedoria, pois a adquirimos por meio das experiências vividas.

Em muitas crenças, o discernimento é uma expressão de autenticidade, um mecanismo que, mediante o amor, pode levar a descobrir qual é a vontade superior. O discernimento é a condição necessária para tornar realidade as decisões em coerência com as características da espiritua-

Sabedoria nos negócios e na vida

lidade e os negócios, em consonância com a sabedoria que vem da ordem das coisas.

Quando uma pessoa tem capacidade de discernir sobre um assunto, diz-se que é uma pessoa capaz. Todas as pessoas, exceto em limitações específicas, têm capacidade de discernir sobre algo. O que diferencia uma pessoa da outra é a qualidade desse discernimento, a profundidade que consegue chegar com sua análise na tomada de decisão. Podemos perceber isso quando pensamos nas profissões e na especialidade de cada pessoa: quando você precisa tomar uma decisão sobre questões judiciais, busca a ajuda de um advogado; quando precisa decidir sobre impostos e registros financeiros, busca um contador. Assim acontece para os demais ramos. Para cada assunto específico, é possível encontrar um especialista. Esse, por sua formação e atuação, tem mais experiência e melhor discernimento sobre a demanda. Então seria sábio de sua parte buscar por essas pessoas.

O QUE PODEMOS APRENDER COM PESSOAS SÁBIAS?

Tudo que o ser humano desenvolve é para atender às necessidades e desejos do próprio ser humano. Desde os primórdios, existe uma busca constante por transformar e melhorar produtos e serviços. O desejo pelo melhor e pelo perfeito é latente no ser humano. Contudo, sabemos que o perfeito não é produzido pelas mãos do homem – há sempre a ideia de que a perfeição está naquilo que vai além da nossa compreensão, no divino. Por isso, buscar estudar e trabalhar, melhorando sempre as coisas, é buscar se aprimorar diante desse ideal.

Os ensinos bíblicos são aplicáveis em diversas filosofias e religiões. Isso não quer dizer, necessariamente, que a pessoa precise ser religiosa. Viver uma determinada verdade pressupõe ter atitudes alinhadas com o que você acredita ou admira, e não só falar sobre isso.

As pessoas, a história, a religião, entre outras coisas, carregam diversas verdades em si mesmas. Precisamos sempre estar atentos ao que ouvimos, pois podemos ouvir a verdade e a sabedoria de diferentes fontes. Estamos sempre em diálogo com o que acreditamos, mas é preciso saber ouvir e acolher isso em nossas atitudes.

Precisamos assumir a responsabilidade de criar a sensibilidade para compreender os sinais que recebemos a todo momento. Reconhecemos a voz que escutamos todos os dias. A voz de nosso cônjuge, de nossos filhos, pais e amigos. Se você tem um filho, provavelmente quando vai buscá-lo na escola, no meio de várias crianças, é capaz de reconhecer sua voz. O mesmo acontece em relação à espiritualidade – alguém que só busca orientação quando está com dificuldades dialoga pouco e pode não ouvir aquilo que está sendo dito ou compreender aquilo que é mostrado.

Se você quer comprar peixes, ouça as dicas do peixeiro. Se quer pescá-los, observe o pescador. Em cada área, em cada fase de um processo, existe uma dose de sabedoria. A maneira mais eficiente de se familiarizar com a sabedoria é convivendo com pessoas sábias. Escolha as pessoas que farão parte de sua vida, isso a influenciará diretamente. Lembre-se também de que a sabedoria não se encontra no topo de um curso de doutorado, no dinheiro, no poder; a sabedoria é algo que as pessoas adquirem ao longo do tempo. A pessoa sábia compartilha conhecimento e experiências, age dentro das regras e não agride os outros. Esse comportamento pode ser uma referência aos outros ou permitir uma relação de apoio e ajuda quando alguém precisa de um mentor.

É preciso ter uma coisa em mente: a sabedoria é infinita e, portanto, você sempre precisará de mentores, pois nunca saberá o bastante. Ouça os outros, tenha mentores, busque o convívio e o relacionamento com pessoas sábias. Lembre-se do que foi dito aqui anteriormente sobre discernimento: saber fazer as escolhas certas com o conhecimento adquirido. A experiência de vida, os bons combates que uma pessoa lutou, lhe trazem sabedoria.

Se você quer comprar peixes, ouça as dicas do peixeiro. Se quer pescá-los, observe o pescador. Em cada área, em cada fase de um processo, existe uma dose de sabedoria.

@josepaulogit

Sabedoria

REFLITA

Pense em uma viagem de milhares de quilômetros de carro, por regiões diversas e estradas que variam entre asfalto e terra. Provavelmente você encontrará muitos trechos de estradas boas, mas também muitos trechos ruins. Em alguns momentos, poderá contar com o GPS, em outros não. Há grandes extensões de estradas sem paradas. Saber o melhor local para descansar e qual é o posto de combustível confiável é fundamental nessa jornada. São inúmeras as possibilidades. Imagine que um motorista com trinta anos de experiência em viagens nessa região vai lhe acompanhar durante toda a jornada. Como você avalia as suas perspectivas e chances de sucesso? E como esse aprendizado poderia ajudar em situações futuras?

_____

_____

_____

_____

_____

_____

_____

É claro que há um limite para as pessoas sábias. Existem momentos em que nenhuma experiência humana poderá nos ajudar. Quantas pessoas já passaram por situações em que médicos não resolviam, advogados não resolviam, amigos não resolviam, dinheiro não resolvia... é quando dizemos que só Deus pode resolver, já que é a Ele que creditamos a sabedoria máxima. É preciso, porém, ter discernimento para entender sua relação com o divino: entender que a sabedoria concede a disposição para lutar, mas não vai lhe entregar a vitória sem luta. Algumas crenças apontam que Deus concede a inteligência para pensar, mas não vai pensar por você. Ou seja, você precisa encontrar, seja em outras pessoas ou nas suas próprias crenças, aquilo que parece ser a decisão mais correta e adequada.

SABEDORIA: O QUE É E O QUE NÃO É

Sabedoria não significa não cometer erros, mas aprender fortemente com as experiências que eles trazem, identificando os verdadeiros motivos para não os repetir. Essa capacidade de distinção, adquirida em diversos acontecimentos ao longo da vida, habilita a tomada de sábias decisões. A visão abrangente, própria da sabedoria, leva ao reconhecimento das sutilezas das diferentes situações e percepções do conhecimento.

Ser sábio não significa saber de tudo e não ter dúvidas. Muito pelo contrário! Os indivíduos sábios apresentam uma humildade existencial e uma interação profunda e verdadeira com a vida e com suas crenças. Conscientes de suas limitações, buscam conhecimento objetivando reduzir a possibilidade de se autoenganarem e aprendem com os erros. Vivem as experiências de forma flexível às mudanças, sem aceitar serem manipulados.

Uma compreensão clara e pensada da vida é característica deste tipo de indivíduo, que aceita oposições, sem ficar confuso ou bloqueado, pois compreende que a realidade é aparentemente controversa. Pessoas sábias não têm dificuldades em dizer que não sabem certas coisas, pois entendem que pessoa alguma consegue deter todo o conhecimento. Não julgam a si mesmos e nem aos outros por isso. Admitem suas responsabilidades e não atribuem aos outros seus problemas. Possuem uma elevada inteligência emocional. As pessoas sábias são curiosas, focadas, generosas, humildes e valorizam o momento.

Pessoas sábias não são perfeitas, também cometem erros. Mas os reconhecem e buscam a correção. Na Bíblia, existem muitas passagens sobre sábios e tolos. Estes últimos são descritos como pessoas que carecem de sabedoria e até mesmo a desprezam. Desconsideram a disciplina e a organização necessárias para obter sabedoria. No dia a dia do trabalho, o tolo é aquele que não consegue entregar a tarefa na qualidade necessária e também não quer ouvir sobre como pode melhorar seu trabalho, sendo egoísta, teimoso e inflexível. Ele diz: "Tem que ser do meu jeito ou não tem jeito".

Existe mais de uma forma de agir de forma tola, e a Bíblia também aponta duas formas de comportamento que ilustram a falta de sabedoria:

O sarcástico vai além das ofensas aleatórias do insensato, chegando ao dano deliberado de desprezo e chacota. Não se contenta em apenas resolver seus problemas e a agir com falta de ética, mas gosta de menosprezar comportamentos e decisões dos outros.

O preguiçoso é um parente próximo do sarcástico. Não faz planos, não trabalha e não guarda dinheiro. Cria pretextos para a sua preguiça. Enquanto as pessoas trabalham incansavelmente para prover suas necessidades, o preguiçoso observa a distância e ainda pensa: "Como podem trabalhar tanto por tão pouco?". Dia após dia, a pessoa sensata trabalha, produz, aprende e forma patrimônio, trazendo equilíbrio e conforto para a sua família. Dia após dia, o preguiçoso perde tempo, satisfazendo suas vontades por prazer, ao passo que continuamente se isenta do trabalho. Ele vive para o momento e, quando os dias difíceis vierem, ele estará desprovido e despreparado, tentando desesperadamente sobreviver.

Tolice é ter um nível de prioridade incompatível com a realidade, adotando valores corriqueiros, como a procura por recompensas imediatas acima de valores nobres. A tolice conduz a julgamentos incorretos e a caminhos errados uma e outra vez, sem aprender com as experiências. Por trás dessa postura há orgulho e arrogância e a incapacidade de desculpar-se verdadeiramente. Com isso, é comum se perder em detalhes, mesquinharias, como um ratinho correndo em um labirinto circular. A autoanálise, a reflexão e a concentração não fazem o menor sentido a um tolo, porque ele não planeja existencial e verdadeiramente a vida, minimizando os dilemas reais, não enxergando nada além de si mesmo, completamente envolto em egoísmo e mesquinhez.

Essa postura também costuma gerar agressividade para demonstrar inteligência, tentando mostrar que conhece de tudo e que é mais perspicaz que as demais pessoas. Em geral, o tolo tem opiniões contundentes sobre assuntos dos quais nada sabe. Como acredita que conhece a tudo, não valoriza o saber e tem preguiça de realizar a tarefa intelectual de entender e se questionar. Por vezes, busca atalhos para facilitar a vida e torná-la mais confortável. Não se preocupa com a verdade – ela o incomoda. Em vez disso, faz uso de conceitos e crenças próprias que o distanciam do equilíbrio. Desacredita autoridades, cientistas, estudiosos e pessoas vividas. Apoia-se em seus pares e evita pessoas sábias, por se sentir desconfortável e inseguro, escolhendo a companhia de outros tolos.

Propomos agora um exercício de reflexão e de autoconhecimento. Veja o esquema a seguir e tente identificar quais comportamentos são mais associados a você.

SABEDORIA	TOLICE
Acreditar que a vida é um aprendizado constante, sabendo ouvir.	Acreditar que sabe tudo, que tem sempre a última palavra.
Fazer mais do que promete, pois busca entregar melhor e com excelência.	Prometer o que não pode, para impressionar e chamar a atenção para si.
Ser humilde, nunca se apresentando como um sábio.	Nunca se considerar tolo e se apresentar como sábio.
Agradecer a colegas, autoridades e ao divino pelo sucesso.	Ser soberbo, não reconhecendo o valor dos outros.
Ficar satisfeito com o necessário, pois sempre tem boa gestão.	Nunca estar satisfeito, mesmo se tiver mais do que necessita.
Ser proativo e assumir responsabilidades.	Buscar culpados.

Não julgue a si mesmo caso identifique comportamentos seus na coluna da tolice. O importante é perceber o que está fazendo de equivocado e tentar corrigir.

A sabedoria também presta muita atenção nas pequenas coisas, enquanto outros comportamentos as menosprezam ou negligenciam totalmente. Sabedoria é entender que o processo corresponde à maior parte do sucesso, buscando disciplina e equilíbrio no caminho para uma vida feliz. É entender que a ausência de disciplina significa miséria; é pensar com cautela, com cuidado e viver de forma consistente. Por isso, busque dividir seu tempo de forma adequada para o trabalho e para o lazer, não confundindo esses dois momentos. Cuide de todos os detalhes da vida e tenha tempo para ficar sozinho de vez em quando, podendo pensar em silêncio. Sabedoria é entender que tudo deve ter lugar legítimo na vida, desde que haja equilíbrio e consciência.

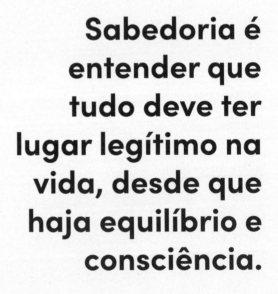

Sabedoria é entender que tudo deve ter lugar legítimo na vida, desde que haja equilíbrio e consciência.

@josepaulogit

2. COMO TOMAR DECISÕES DIFÍCEIS

É muito comum ouvir pessoas dizendo que não gostam de tomar decisões. Você já parou para pensar em todas as escolhas que faz em seu cotidiano? Ao longo do dia – desde o momento em que acordamos até a hora de colocar a cabeça no travesseiro – tomamos milhares de decisões. É difícil dimensionar essa quantidade no dia a dia, mas é possível buscar na ciência uma resposta: estudos realizados pelo pesquisador Dr. George D. Haber apontam que um ser humano adulto toma 35 mil decisões em média por dia, entre as conscientes, automáticas e do subconsciente.

Estamos sempre cercados pelas escolhas que realizamos, muitas vezes sem perceber. É claro que cada uma delas varia de acordo com sua complexidade, mas existe sempre algo por trás de todas. Nossas decisões variam das simples às mais complexas. Ao levantar-se, você já precisa decidir entre escovar os dentes ou tomar banho primeiro; qual roupa colocar; se vai tomar café da manhã em casa ou no trabalho; e uma série de decisões que se somam a outras milhares durante o dia. A maioria das decisões é tomada pelo subconsciente – você nem para pensar.

Existem, também, as decisões mais complexas, que requerem análise, discernimento. São essas escolhas que irão exigir de você mais informações e conhecimento. Esse processo é mais complexo e faz muitas pessoas sentirem-se desconfortáveis ao tomar decisões. Muitos ficam tão aterrorizados em ter que tomar decisões que acabam delegando a outros.

Por isso, é importante refletir sobre como tomamos as nossas decisões. Acredito que esse processo deve envolver uma atitude pensada e madura, embasada em nossas

Sabedoria nos negócios e na vida

experiências e formação – é preciso organizar o pensamento e realizar a escolha certa. A reflexão sobre a tomada de decisões é fundamental e existem técnicas e etapas que podem tornar esse processo mais fácil. É sobre esses aspectos que iremos dialogar a seguir.

TIRE UM TEMPO PARA PENSAR

Embora algumas escolhas possam ser feitas rapidamente, aquelas que mudam uma vida precisam de um pouco mais de investimento em reflexão. A reflexão ajuda a minimizar os erros e o sentimento de dúvida associados à tomada de decisão.

É comum que nossas emoções interfiram nesse processo. Somos seres emocionais e propensos a tomar decisões precipitadas, sem pensar nos benefícios e consequências de cada cenário. Um exemplo: é comum pessoas receberem um bônus financeiro, seja do trabalho ou de uma herança, e começarem a gastar e desfrutar desse dinheiro, atendendo a desejos momentâneos de consumo. Quando o recurso acaba e a pessoa cai em si, sente remorso por não ter dado prioridade às coisas importantes que poderiam ter sido resolvidas com aquele dinheiro.

Ter cautela e pensar adiante não quer dizer que você não deva também aproveitar o presente. Você pode até realizar alguns dos desejos, mas precisa agir de forma consciente, atendendo às prioridades por ordem de importância. Essa atitude reduz o sentimento de remorso e produz um avanço em seu poder de tomada de decisão.

FAÇA UMA LISTA E ANALISE OS PRÓS E CONTRAS

Com tantas coisas em mente, pode ser difícil analisar com calma todos os elementos de uma situação. Por isso, fazer uma lista de elementos

Como tomar decisões difíceis

a favor de uma decisão – os prós –, e aquilo que pende para a sua não realização – os contras – pode ajudar a evitar tomar decisões difíceis com base no impulso. Quando chega a hora de decidir, coisas como o medo ou a empolgação não podem influenciar suas decisões.

Para decidir sobre as vantagens e desvantagens de determinadas escolhas, vale a pena utilizar um ou dois dias para analisar e refletir. Esse tempo de análise e reflexão permitirá uma escolha embasada em critérios de comparação das possíveis alternativas e suas consequências. É importante a busca de exemplos e conselhos. Nesse período, se faz necessária a sua rede de amizades.

Ter esse tipo de atitude não é algo nato ou da personalidade, mas sim uma habilidade que pode ser desenvolvida. No Grupo Ideal Trends, por exemplo, temos a simplicidade e a franqueza como nossos princípios. Acreditamos que a disciplina é fundamental para isso e buscamos oferecer aos nossos colaboradores o máximo de ferramentas possível para ter essa postura. Temos diversas ações voltadas para colocar esse valor em prática, como métodos de avaliação e a criação de indicadores específicos, mas acreditamos que o primeiro passo é cuidar de quem está à frente de todos esses processos: as pessoas. Utilizamos, para isso, o método PDCA, uma sigla em inglês para descrever uma metodologia baseada em *planejar, executar, verificar* e *reagir*. Nossos treinamentos buscam mostrar para todos como essas etapas são importantes para tomar decisões com sabedoria e como isso pode gerar resultados positivos.

Para entender melhor esse método, que tal fazer um exercício? Pense em uma situação específica que esteja acontecendo em sua vida agora, seja no âmbito pessoal ou profissional.

Na figura a seguir, utilize-se dos questionamentos do círculo para tentar encontrar formas de resolver essa situação, pensando em uma etapa de cada vez e dando seguimento para suas ideias a cada momento.

Organizar e listar as possíveis alternativas para uma tomada de decisão, identificando os prós e os contras, é uma excelente forma de vislumbrar o melhor caminho. Muitas vezes você tem uma ideia que parece fazer todo o sentido, mas quando a põe no papel, percebe que há algumas falhas. Isso lhe dá a oportunidade de refletir se está disposto a assumir os riscos e seguir ou se é mais sensato manter como está. Essa análise deve subsidiá-lo com dados, que ajudarão a escolher e decidir sobre a opção que o manterá o mais próximo possível dos seus objetivos. Essa forma de organização é aplicável a todas as áreas – consiste em uma maneira simples e eficiente para examinar a situação.

DICAS PARA TOMAR DECISÕES DIFÍCEIS

Você deve reservar um tempo e se preparar para decisões difíceis que requerem a sua atenção. Destine um período do seu dia ou da semana para isso – utilize boa parte desse tempo para se preparar e listar todas as opções possíveis. Essa é uma etapa de preparação, que consiste em buscar o maior número de informações possíveis sobre o assunto, conhecer fatos, casos semelhantes e fazer análises. Isso ajuda a prevenir possíveis erros e a ganhar tempo, evitando caminhos que já foram testados e não funcionaram. Pense em possibilidades que podem parecer diferentes do que você costuma fazer, mas que já foram feitas por outras pessoas e resultaram em bons frutos.

Empregue o restante do tempo analisando essas opções e como cada escolha afeta a sua vida. Aplique a lista de prós e contras. Esse é o momento de agir, de colocar em prática a opção escolhida para resolução do problema. Não perca tempo, não procrastine, trabalhe, monitore e controle a situação.

Como vimos no exercício anterior, uma decisão difícil requer acompanhamento e ajustes constantes no processo. Quando for necessário, refaça o caminho! É comum, na evolução da situação, que novas decisões e ajustes devam ser feitos. Isso acontece porque a partir da escolha o processo pode melhorar ou piorar gradualmente.

Se o tempo é crucial e a decisão precisa ser tomada já, empregue toda a sua experiência e busque todo o apoio que puder em pessoas de sua confiança. Para analisar o processo decisório, faça três perguntas básicas a si mesmo:

PERGUNTAS

- Isso se alinha com minhas crenças e valores?
- Como isso afetará meu futuro?
- O que estou disposto a sacrificar por isso?

Sabedoria nos negócios e na vida

_____

EVITE PROCRASTINAR

Embora seja óbvio que refletir sobre as coisas é o ideal, você não pode viver procrastinando. Existe uma diferença fundamental entre se planejar e procrastinar: planejar é tomar o tempo certo para pensar sobre suas ações, permitindo que elas sejam colocadas em prática no momento mais oportuno; procrastinar é ser sugado pelos pensamentos, nunca levando as ideias para o campo da ação.

Além disso, demorar demais para tomar uma decisão dá espaço para desviar-se para um caminho mais fácil em detrimento do foco necessário, caindo em uma zona de conforto que pode nem sempre ser tão confortável assim – afinal, a ideia inicial era a de mudá-la e não de se conformar com ela.

O processo só caminha após a decisão. Quando se leva muito tempo para decidir, a sabedoria intuitiva perde força, abrindo espaço para preocupações excessivas, medos e interferências externas.

ADMINISTRE SUAS EXPECTATIVAS E EVITE ESTRESSE

O estresse está intimamente ligado à ansiedade, num ciclo de preocupação intensa e desproporcional, fazendo com que situações corriqueiras se tornem desgastantes. Os profissionais de saúde explicam que um determinado nível de estresse é normal para o ser humano, pois é uma reação natural do organismo para colocar a pessoa em uma situação de atenção e alerta a possíveis ameaças e perigos.

O estresse, mais intenso e em níveis altos, compromete o equilíbrio físico e mental do indivíduo. Esse estresse está associado a pessoas que frequentemente estão em estado alto de alerta, na defensiva e oferecendo resistência a qualquer mudança de comportamento.

A tomada de decisão requer o uso do córtex pré-frontal, que dá acesso à lógica e ao raciocínio. Quando você está estressado, seu cérebro usa a maior parte de sua energia para ajudá-lo a completar funções básicas, como dormir e comer, deixando pouca ou nenhuma energia para o pensamento de alto nível.

Lidar com esse tipo de reação requer ferramentas específicas, como a existência de uma rede de apoio em sua vida e de relações positivas e estáveis no maior número possível de campos.

PEÇA CONSELHOS A AMIGOS

A forma com que você age e pensa se originou nos ensinamentos e exemplos de pessoas que fizeram e fazem parte de sua vida. Pais, professores, familiares e amigos foram agentes formadores do modo que você vê o mundo e decide sobre os rumos de sua vida.

As pessoas gostam e necessitam saber a opinião dos outros. Isso ajuda em sua insegurança, em opinar ou decidir sobre algo. Por exemplo: a maioria das pessoas gosta de acompanhar as tendências da moda para se vestir, comprar eletrônicos, decorar a casa etc. Essa tendência não representa a qualidade ou a melhor opção, representa um trabalho de mercado que mexe com o comportamento das pessoas. Por isso, o caminho é sempre entender seus gostos e preferências, mas também ouvir seus amigos e familiares para buscar um equilíbrio entre tudo isso.

Quando se trata de decisões importantes, que afetarão o rumo de sua vida, é claro que se faz necessário buscar conselhos. Mas existe aí um ponto de atenção: é preciso ter critério. Essa obra enfatiza muito a importância de uma rede de amizades de qualidade, com pessoas inteligentes, com valores sólidos e que buscam aplicar a sabedoria. É para o amigo dessa rede que você deve pedir conselhos. Os conselhos são instrumentos que possibilitam a você analisar a situação com mais elementos e com outro ponto de vista, ajudando-o na melhor tomada de decisão.

EXERCÍCIO

Pense nas pessoas que você procuraria para pedir conselhos ligados ao seu trabalho e responda às questões a seguir.

Quem eu procuraria para pedir conselhos? Enumere três pessoas.

_____

_____

Por que eu procuraria essa(s) pessoa(s)?

_____

_____

O comportamento dessa(s) pessoa(s) nesse campo é algo que sirva de inspiração? Dê um exemplo.

_____

_____

Você já pediu conselhos a essa pessoa? Como foi a experiência?

_____

_____

A melhor decisão requer poder de escolha. Poder de escolha requer domínio sobre os mais variados recursos, tais como: conhecimento, acesso às informações, habilidades técnicas, experiências e dinheiro. Quando esses recursos são abundantes, pode demorar para que se percebam as falhas ocasionadas pela decisão errada. Essas falhas só ficam mais claras quando os recursos começam a diminuir, o que acontece exatamente pela falta de discernimento na tomada de decisão. A dica é: procure se aconselhar com pessoas experientes e sábias antes que seus recursos se reduzam.

Lembre-se: todos os grandes reis e governantes tinham e têm conselheiros. Os CEOs das grandes empresas também são assessorados e aconselhados por pessoas sábias e capazes. Pedir e dar conselhos é uma forma de compartilhar a sabedoria. Essa prática conduz as pessoas ao aprimoramento dos processos decisórios e da forma de discernir sobre as coisas.

ANALISE SEUS VALORES

Ao tomar uma decisão que mudará sua vida, como abrir um negócio, mudar de carreira, se casar, é necessário examinar todos os seus valores e certificar-se de que sua decisão está alinhada a eles.

Pense sobre as coisas diretamente associadas a sua vida. A família necessita não apenas do dinheiro que você leva para casa, mas dos valores que consegue defender com ele. O dinheiro corresponde ao preço que você paga por algo que trará valor para a sua vida. Embora se pague um determinado preço por uma refeição, esse preço não representa o valor dela. O valor de um alimento é muito maior do que o preço. Todas as coisas relacionadas a manutenção, propagação e dignificação da vida correspondem a valores. Por exemplo: um produto feito à mão costuma ser algo único, exclusivo, muitas vezes produzido com algum tipo de customização específica para cada cliente. Talvez, em termos de durabilidade e acabamento, o item possa até ser considerado inferior a algo industrializado, mas o cuidado do preparo artesanal agrega valor ao produto, tornando-o mais relevante e especial aos olhos do consumidor. Perceba, assim, que o valor é um conceito mais amplo do que o preço – ainda que possa impactá-lo – e que tem componentes ligados ao interesse, ao afeto, ao aspecto emotivo e sentimental contido nos bens materiais.

O valor de uma casa é o sentido de proteção que ela agrega à vida. É a possibilidade de convívio da família e amigos. Nesse sentido, uma casa pode abrigar um lar. A casa é constituída de materiais diversos. O lar é constituído de vida e amor. A casa é um bem tangível, composto por preço e valor. O lar é um bem intangível, composto por valor. Por mais luxuosa, grande e magnífica que seja uma casa, o seu valor será pequeno diante do valor de um lar. Uma casa sem um lar passa a sensação de vazia. Um lar sem uma casa, continua sendo um lar. Com esse simples exemplo é possível entender o que é valor.

Quando os valores certos estão alinhados, as demais coisas são acrescentadas naturalmente e de forma equilibrada. Faça essas perguntas a si mesmo:

PERGUNTAS

- Dou mais valor à casa ou ao lar?
- Passo tempo suficiente com meus filhos?
- Levo em conta a ética em meu trabalho?
- Minha esposa (ou esposo) recebe a devida atenção e valor?
- Minha vida financeira está em equilíbrio?
- Sou capaz de pedir e dar conselhos?

As perguntas se estendem a todas as áreas da vida, você pode continuar criando os questionamentos e definindo suas escolhas.

Seus valores são a sua essência. Eles determinam o que é importante para você e ajudam a refletir entre o certo e o errado.

@josepaulogit

Entender essa diferença é fundamental, pois, na vida, é essencial ter valores que o orientem. Infelizmente, muitos nunca param para identificar quais são os seus valores, que podemos pensar como um conjunto pessoal de crenças e princípios éticos que orientam seu comportamento e decisões.

É possível observar, com o advento da internet, que as pessoas procuram customizar valores e adaptá-los à suas necessidades pessoais, mas esses não são valores. Essa adaptação considera tudo lícito, independentemente dos efeitos que possa ocasionar. Os valores constituem o conjunto de atributos, princípios éticos, morais e de conduta que estabelecem um relacionamento com a sociedade. A identidade de uma pessoa ou organização é constituída a partir de sua visão e valores. Então valores não podem ser customizados.

Por que os valores são importantes? Os valores fornecem uma estrutura elementar para tomar as decisões certas, mesmo nos casos em que as decisões possam resultar em conflitos. Seus valores definem quem você é, e são a base sobre a qual você desenvolve suas opiniões em relação às coisas importantes de sua vida.

Os valores também ajudam a organizar sua vida. Eles permitem identificar o que realmente é importante e eliminar o que não é. Ter claro quais são os seus valores aumenta a sua confiança e fornece uma base estável para a sua vida. Quando há clareza do que defender é improvável ser influenciado por opiniões alheias.

TESTE SUAS DECISÕES

Você faz um test drive quando vai trocar de carro, faz a prova de um vinho antes de ser servido, tudo para ajudá-lo em sua decisão. Conhecer, tocar, ver e sentir as situações ajudam na tomada de decisão. O cheiro dentro do carro novo mexe com as suas percepções, assim como a taça de cristal na qual é servida o vinho dá a sensação de maior valor à bebida. Essas experiências aguçam seus instintos e o provocam para decidir.

Por isso, a dica é tentar fazer testes antes de tomar suas decisões. Considere visitar um novo ambiente para ver como se sente. Em um novo trabalho, procure conversar com futuros colegas para sentir o clima organizacional. Em uma nova cidade para morar, visite-a sozinho, depois com a família, percorra os bairros e converse com os moradores para entender os hábitos da cidade. Se vai se arriscar em um novo negócio, visite negócios semelhantes, prove os produtos e serviços, imagine-se atuando naquela área, sinta o clima do negócio.

Tudo pode de alguma maneira ser testado. Isso o ajudará na decisão e trará uma clareza sobre as possíveis mudanças que terá de enfrentar.

PERGUNTAS PARA FAZER A SI MESMO

Como Sócrates disse há muito tempo, a vida não examinada não vale a pena ser vivida.

Felicidade, satisfação com a vida e hábitos diários das pessoas mais bem-sucedidas são temas de diversas pesquisas científicas. O que constataram é que as pessoas que chegaram à maturidade de suas vidas, sentindo-se realizadas, gratas e sem arrependimentos tiveram bons relacionamentos e lidam de maneira sábia com as principais questões de suas vidas.

Quer saber como refletir de maneira assertiva sobre essas questões? Preparamos algumas perguntas simples que podem ajudá-lo a ser honesto consigo mesmo sobre as direções que está tomando neste mundo.

ONDE QUERO ESTAR NOS PRÓXIMOS CINCO OU DEZ ANOS?

Embora seja impossível prever como você estará daqui a alguns anos, é importante ter um plano de como quer estar em determinado momento de sua vida. Fazer a si mesmo essa pergunta permite estabelecer metas sobre o que deseja alcançar em sua vida. Definir para onde quer ir é o primeiro passo.

Para liberar todo o seu potencial e realizar seus maiores sonhos, você precisa parar e examinar o tipo de vida que está levando.

@josepaulogit

Ter objetivos claros permite traçar planos e ações que possam conduzir ao rumo desejado. Ter metas também significa ter um farol para guiá-lo. As metas ajudam a alinhar suas decisões com os objetivos e evitam que você se desvie do caminho.

Ao estabelecer metas, não se concentre apenas em sua carreira ou nas realizações materiais. Pense na sua vida familiar, no seu crescimento, nos valores humanos e no crescimento espiritual.

Como abordamos antes, é importante também reavaliar metas e métodos. Já dizia Albert Einstein: "insanidade é continuar fazendo sempre a mesma coisa e esperar resultados diferentes". Lembre-se de que seu futuro depende das coisas que faz hoje. Não é possível atingir os objetivos e sonhos desperdiçando o tempo com assuntos irrelevantes.

POR QUE QUERO FAZER ISSO?

Perguntar a si mesmo sobre seus motivos é fundamental para identificar o porquê de você estar perseguindo seus objetivos.

Se um de seus objetivos é mudar a sua alimentação:

- ✓ Por que exatamente você quer mudar seus hábitos alimentares? Por saúde e bem-estar?
- ✓ Seus novos planos alimentares atendem realmente a esse objetivo?

Se o seu sonho é se tornar o diretor da sua organização:

- ✓ Por que você quer ser diretor?
- ✓ O que se tornar diretor fará de bom por você?
- ✓ Por que você acha que deve seguir essa trilha?
- ✓ O salário lhe permitirá dar condições melhores à sua família?

Suas respostas trazem uma verdade significativa por trás de seus objetivos. Faça perguntas dessa forma sobre todos os assuntos importantes em sua vida. Responda de forma direta e sincera, pois é uma conversa honesta com você mesmo. A razão que lhe motivou a tomar tais decisões é realmente a mais importante, a mais significativa para seu crescimento como pessoa, como profissional e para a família? Essas decisões o aproximam ou afastam da sua fé, da sua verdade? Viver a sua verdade é fundamental para se manter firme em seus objetivos e não se desviar deles por desejos momentâneos.

Sem saber o porquê de seus objetivos, sonhos e aspirações, suas chances de atingir seus objetivos se reduzem. Seguir o objetivo trilhado não é fácil, há desafios que dão vontade de desistir. Sem uma imagem clara do motivo pelo qual está buscando esse objetivo, torna-se fácil desistir quando as dificuldades começam.

Por exemplo: quando você se levanta pela manhã e vai trabalhar, o objetivo não é apenas buscar um salário no fim do mês ou fechar bons negócios para a sua empresa. Ao levantar-se e passar pelo quarto de seus filhos, dê uma boa olhada neles e lembre-se: você vai trabalhar também por eles. Cada item que você coloca em sua casa, cada momento de lazer com as pessoas amadas são conquistados em cada dia de trabalho. Esses motivos para trabalhar são suficientes para identificar o verdadeiro valor por trás do trabalho.

ATENTE-SE

Círculo Dourado

Um **porquê** claro traz propósito e o motiva a fazer o que for necessário para atingir seus objetivos. Saber o porquê também o ajuda a tomar decisões difíceis em relação aos seus objetivos. Um porquê forte o suficiente lhe dará força para descobrir "o quê" e "como" realizar os seus sonhos.

PELO QUE SOU GRATO?

Essa pergunta leva a uma importante reflexão: será que você é grato pelas coisas certas? É comum observar que a maioria das pessoas faz uma oração ou vai a uma igreja quando estão desesperadas. Essa postura pode ser adequada, pois é normal buscar conforto e sabedoria em momentos assim. Mas e quando tudo está indo muito bem? O sentimento causado pela estabilidade, pelo equilíbrio e pela tranquilidade deveria ser o de gratidão.

Você já pensou em ser grato pela oportunidade de aprender com seu colega de trabalho? Por poder conhecer o suficiente para ajudar seu filho? Ser grato pelo que seus pais fizeram por você? Gratidão ao seu cônjuge, que está sempre do seu lado no fim do dia, independentemente se você venceu ou não a batalha desse dia. Os motivos para ser grato são muitos, a sabedoria consiste em recolhê-los.

A gratidão sentida a partir da sabedoria é nobre. Ser grato não significa que você deve ser complacente e parar de tentar melhorar sua vida. Significa que deve contar sobre suas bênçãos e valorizar a vida que tem, buscando sempre fazer o seu melhor e esperar que as melhorias venham.

A gratidão é uma das chaves para uma vida verdadeiramente feliz. Pesquisas mostram que pessoas que praticam a gratidão tendem a ter mais confiança, dormem melhor e apresentam um bom senso de humor. Praticar a gratidão também reduz as chances de sofrer com o estresse e a ansiedade.

O QUE DEVO PENSAR SOBRE A MORTE?

Pensar na própria morte não é um exercício muito agradável. No entanto, a morte traz o sentido de valor à vida. Ela representa a finitude de uma vida terrena. O fim de um ciclo de aprendizado e a preparação para o retorno da criatura ao criador, do homem a Deus.

A morte também diz muito sobre os ciclos da vida e o que observamos em todo o planeta. Os rios buscam incessantemente o mar. As árvores e flores realizam o milagre da vida, absorvendo a energia do sol. Toda a vida busca incansavelmente por mais vida. As pessoas sentem de forma latente essa busca por Deus – mesmo os que denominam a si mesmos como ateus sentem essa busca.

REFLITA

O que você pensa sobre a morte? Faça uma reflexão e escreva de forma livre seus pensamentos e sentimentos sobre ela.

O QUE FARIA SE NÃO TIVESSE MEDO DE NADA?

Muitas pessoas vivem timidamente, com o medo as impedindo de buscar o que realmente precisam. Pensar em como seria viver a vida sem medo é uma questão que poucas pessoas pensam, mas pode ter um impacto muito profundo.

É necessário se posicionar na vida para que seus valores e objetivos estejam bem definidos; assumir sua posição ética e moral no trabalho e na vida familiar, entendendo que não podemos ficar simplesmente em cima do muro observando as pessoas lutarem suas batalhas.

É claro que é preciso ter cautela na hora de tomar atitudes, mas o medo é diferente de medir suas atitudes e seus passos. Muitas vezes, guardamos nossos sentimentos porque temos medo de rejeição pelas pessoas. Permanecemos em um beco sem saída por medo de fracassar se sairmos para iniciar um negócio próprio, por exemplo.

EXEMPLO

E se você não tivesse medo?

O quanto você alcançaria?

O que exatamente você faria se o fracasso não estivesse em cena?

_____

_____

_____

_____

Ponderar sobre essas questões ajuda a definir as coisas que realmente importam. As respostas a essas perguntas são os eventos que devem ser desenvolvidos e realizados por você. Na maioria dos casos, os medos que o prendem são irracionais e você pode superá-los fazendo uso da sabedoria e da fé.

POR QUE NÃO?

Desde criança, você vive o paradigma da sociedade de que precisa seguir a maioria e viver de determinada maneira. A ideia que parece prevalecer é a de que precisamos nos ajustar, manter a cabeça baixa e agir exatamente como a maioria das pessoas.

No entanto, seguir esse caminho geralmente leva a uma vida medíocre. Às vezes você precisa ir além dos limites da tradição e parar de agir de acordo com o padrão dos outros.

Não aceite tudo como é. Se alguém lhe disser que algo não pode ser feito, pergunte por que não. Se alguém disser que você não pode realizar seus sonhos, pergunte-se por que não. Todas as grandes mudanças da sociedade foram provocadas por pessoas que não se conformaram com o estado das coisas e buscaram a melhor maneira de modificá-las.

Não aceite as limitações que as pessoas colocam em você. Em vez disso, busque desafiar o *status quo* e buscar o que os outros acham que é impossível. Se você olhar para algumas das melhores pessoas que já existiram, a maioria delas olhou para coisas que pareciam inviáveis e se perguntaram "Por que não?". Essa postura ajuda a abrir caminhos e a pensar fora da caixa.

MEU CÍRCULO DE AMIZADES ESTÁ INFLUENCIANDO POSITIVAMENTE A MINHA VIDA?

O escritor Jim Rohn é um autor de várias obras de sucesso, sendo uma das mais famosas a intitulada *Seis Princípios do Sucesso*, na qual ele aponta que as pessoas são a média das cinco pessoas com quem passam a maior parte do tempo. O círculo de amigos que você mantém ao seu redor influencia seu modo de pensar, seu comportamento e seus hábitos.

Há evidências científicas por trás disso. De acordo com um estudo publicado na *Psychology Today*, pessoas com baixa autoestima podem melhorar cercando-se de amigos obstinados e confiantes.

Avaliar seu círculo social permite entender as razões por que às vezes você não consegue buscar conselhos adequados, por que não se sente positivamente influenciado pelas pessoas. Pense se as pessoas, em seu círculo

Quer ter sucesso? Saia com pessoas de sucesso. Quer ter confiança? Saia com pessoas confiantes. Quer ser feliz? Saia com pessoas felizes.

@josepaulogit

Sabedoria nos negócios e na vida

de amizades, o desafiam e o encorajam a ser uma pessoa proativa e mais produtiva. São pessoas que o estão arrastando para um caminho de sucesso, com seus bons exemplos. Um bom teste é pensar se você indicaria as pessoas do seu círculo de amizades para um emprego, se elas o indicariam ou, em nível mais pessoal, se confiaria nelas para uma decisão importante.

PEÇO CONSELHOS QUANDO NECESSÁRIO?

Diante de uma situação difícil, todos precisam de conselhos. É nesse momento que precisamos compreender com clareza a importância de amizades e relacionamentos. Você deve e precisa ter nesse círculo pessoas sábias, que irão aconselhá-lo quando necessário e influenciarão positivamente a sua vida.

Quando você está no caminho da prosperidade, maior é o nível de entendimento que precisa ter, pois começa adentrar em áreas de excelência da vida. Então, à medida que progride nessa jornada, o nível de sabedoria exigido será maior. Daí importância de pedir conselhos às pessoas sábias do seu círculo de amizades e relacionamentos. Não se trata de ter amigos por interesse, mas sim de pensar que seus interesses e os de seus amigos devem convergir para um propósito parecido. Um homem que valoriza os valores éticos e morais provavelmente se relaciona com pessoas ávidas pelos mesmos valores. Uma mulher que eleva ao mais alto grau a benção de ser mãe compartilha com outras a alegria de serem igualmente consagradas. Você pode observar essa relação com todas as profissões e condutas humanas. Para tanto, é fundamental compreender que seu estilo de vida define o campo que você percorre, verificando se está produzindo frutos na quantidade e qualidade necessárias e se precisa rever seu estilo de vida.

MEU ESTILO DE VIDA PROMOVE O BEM-ESTAR FÍSICO, MENTAL E ESPIRITUAL?

Para aproveitar a vida ao máximo, você deve levar um estilo de vida que aprimore sua saúde e bem-estar. No entanto, quando muitos de nós pensamos em saúde e bem-estar, pensamos apenas na parte física. Um estilo de vida saudável deve se concentrar não apenas em seu bem-estar físico, mas também no campo mental e espiritual.

De acordo com muitas culturas antigas, o corpo, a mente e a alma estão interligadas, um afetando o outro. Isso significa que é impossível ter bem-estar geral quando um desses elementos não é saudável. Perguntar a si mesmo sobre seu estilo de vida lhe possibilitará fazer as escolhas certas para viver uma vida saudável. É importante compreender que seu bem-estar geral depende dos três elementos. Não se concentre em um e negligencie os outros.

ESTOU DANDO ATENÇÃO ÀS PESSOAS IMPORTANTES DA MINHA VIDA?

Muitas vezes, focamos os desafios da vida moderna e nos esquecemos de como é importante passar algum tempo agradável com as pessoas que mais valorizamos, nossa família e amigos. Você sempre deve ter tempo para as pessoas que o amam e se importam com você. No final, elas são as únicas que importam. Você pode ser despedido, o dinheiro e os carros podem ir embora, mas sua família e seus amigos sempre estarão junto com você, não importa o que aconteça.

Além de ser sempre um círculo de apoio, a família e os amigos também contribuem para a sua felicidade. Pessoas que passam mais tempo com pessoas que gostam tendem a ter níveis mais altos de felicidade. Passar o tempo com amigos e família tem um impacto maior na felicidade do que um aumento na renda.

Observe que uma das coisas mais prazerosas da vida é conversar. Estar com pessoas, conversando sobre cultura, trabalho ou diversão é o que faz com que a gente se sinta mais respeitado e amado. Tudo que produzimos e criamos destina-se a atender pessoas. Fica muito claro que as pessoas são o que de mais importante temos na vida.

ME PREOCUPO MAIS COM AS APARÊNCIAS OU COM A MINHA VIDA REAL?

A sociedade hoje está movida pela imagem e pelo consumismo extremo. Em um mundo onde as primeiras impressões são muito importantes, muitas pessoas veem o carro que você dirige ou as roupas que veste, e não o caráter ou a integridade.

Existe uma busca pela imagem certa com objetivo de atender a expectativa de ser aprovado pelos outros. Isso é importante para expressar quem você é, aquilo que gosta e como se sente, mas não podemos nos guiar somente pelas aparências. Com as redes sociais, muitas pessoas exibem suas vidas como se fossem um sucesso total. Isso leva a uma situação em que a maioria das pessoas está mais focada em viver uma vida de aparências, mesmo que tudo isso seja uma fachada, do que estar realmente presente em vida real.

Também é importante ter um estilo de vida adequado às suas condições, sem precisar comprar coisas e serviços para impressionar as pessoas. Dívidas podem ser contraídas quando for inevitável, por um propósito importante. Ter crédito representa um segurança para momentos difíceis, para os quais você não conseguiu construir uma reserva financeira. Utilize essa possibilidade com sabedoria e cautela, pois o uso do crédito sempre terá o ônus dos juros.

Uma vida de aparências é aquela que não reflete a sua verdade financeira e social, sendo construída para impressionar os outros. As pessoas importantes na sua vida não querem ser impressionadas com falsas demonstrações de sucesso, mas sim com o seu desenvolvimento real e sustentável.

"Parecer ser" é mais importante do que "ser" para alguns. "Parecer ser" é mais raso, o meio mais rápido para simular e iludir a maioria das pessoas que compete pelo mesmo status. "Ser" é algo mais sólido, verdadeiro e duradouro, que depende de trabalho e valores. "Ser" é construído ao longo de uma vida.

Embora "parecer ser" possa melhorar a sua imagem, também pode ter efeitos devastadores em sua vida. Um modo de vida em que você se preocupa mais com as aparências do que com a realidade conduz a frustrações e decepções.

Por isso, pergunte a si mesmo se você se importa mais com a aparência de sua vida ou com a forma que ela realmente é. Isso ajuda a lembrar que viver uma vida falsa para impressionar os outros é uma caminhada para o fracasso. É melhor ser rico e parecer pobre, do que ser pobre e parecer rico.

SE MINHA VIDA TERMINASSE AMANHÃ, QUAL SERIA MEU MAIOR ARREPENDIMENTO?

Se você soubesse que iria morrer amanhã, provavelmente não iria se importar com o local onde morou, quanto dinheiro ganhou ou quantas propriedades tinha. Provavelmente vai se arrepender por não ter passado mais tempo com sua família e amigos.

Também é provável que se arrependa por ter deixado o medo atrapalhar seus planos. Ou por ter vivido a vida que os outros esperavam de você e não a que desejava em seu coração; por não ter ido em busca dos seus sonhos. Se esses questionamentos o fazem pensar sobre isso, provavelmente algumas coisas em sua vida podem melhorar. Se é possível perceber o que poderá causar arrependimentos, por que não corrigir agora, para evitar futuras frustrações?

ESTOU FELIZ COM O MEU TRABALHO?

Uma das coisas que deixa as pessoas infelizes é perceberem que estão em um emprego que não gostam e não terem coragem para fazer uma mudança de carreira. Para evitar isso, é importante perguntar-se regularmente se você está feliz com sua carreira. Se a resposta a essa pergunta for não, você precisa descobrir o que precisa ser feito – procurar outro

Sabedoria nos negócios e na vida

emprego, mudar completamente de carreira ou voltar aos bancos escolares para adquirir novas habilidades. Faça o que precisa ser feito para que você volte a se empolgar e a gostar do seu trabalho. Não passe anos dizendo que você precisa mudar de emprego sem nunca fazer nada a respeito.

O trabalho é um dos principais pilares da vida. É uma sensação normal gostar e se orgulhar de seu trabalho. Ele representa mais do que um emprego ou um salário; representa a sua contribuição na sociedade. Uma pessoa feliz com seu trabalho é mais produtiva, mais eficiente e é melhor reconhecida profissionalmente.

TENHO ALGUM DINHEIRO PARA EMERGÊNCIAS?

O problema das emergências é que você nunca sabe quando elas virão e, se você não estiver preparado, elas podem facilmente arruinar sua vida por completo. Portanto, é importante garantir que você sempre terá algum dinheiro reservado para um contratempo.

Uma maneira sábia de gerar reserva financeira é separar 10% de sua renda e investi-lo, para utilizar em uma emergência ou em um negócio de última hora. Pode parecer difícil, mas é algo que pode ser conseguido com disciplina e preparo. Pense que, se você se deparar apenas com 90% de sua renda, por conta de qualquer medida de aumento de impostos ou descontos legais, você irá se ajustar com o novo valor. Da mesma forma, você deve se ajustar com 90% de sua renda e destinar 10% para a reserva financeira. Determinação, planejamento e foco fazem parte da sabedoria. Seja sábio!

ESTOU GASTANDO DINHEIRO COM COISAS IMPORTANTES?

O primeiro passo para entender sobre suas finanças é saber se organizar. Para ajudar você nessa tarefa, iremos propor um exercício de refle-

Como tomar decisões difíceis

xão, mas que pode ser desdobrado nos primeiros passos para o seu controle financeiro. Vamos lá?

EXERCÍCIO

Liste as coisas importantes do seu estilo de vida e que precisam de dinheiro. Podem ser também coisas que você não faz sempre, mas que faria mais se tivesse mais oportunidades financeiras.

1. _____

2. _____

3. _____

4. _____

5. _____

Agora, faça uma lista das coisas que mais consomem o seu orçamento, sem considerar gastos básicos (aluguel, contas, alimentação).

1. _____

2. _____

3. _____

4. _____

5. _____

_____

_____

_____

_____

Compare as duas listas e verifique se os itens que compõem a lista de gastos fazem parte também da lista das coisas importantes. O correto é que a maioria dos itens presentes na lista de gastos estejam também na lista de

Sabedoria nos negócios e na vida

itens importantes. Se você gasta muito com delivery, por exemplo, e gostaria de poder viajar mais, uma mudança na hora de se alimentar pode gerar a mudança necessária para você conseguir realmente fazer o que planeja.

Uma dica muito importante é praticar o controle financeiro. Esse controle consiste em registrar todas as entradas e saídas de dinheiro, ou seja, anotar todos os recebimentos e pagamentos. Com a organização das despesas e dos recebimentos, você pode seguir para o próximo passo, que é elaborar um fluxo de caixa. O fluxo de caixa consiste em lançar os recebimentos e os pagamentos ao longo da linha do tempo; distribuir os pagamentos nas datas correspondentes ao vencimento de cada conta e os recebimentos nas datas em que eles acontecerão. Isso possibilita o gerenciamento de seu dinheiro. Também ajuda a antecipar possíveis faltas de dinheiro, podendo adiar e negociar pagamentos para ajustar o caixa.

Às vezes você pode achar difícil tomar suas decisões financeiras, não porque sua renda não seja suficiente, mas porque está desperdiçando muito dinheiro em coisas que não precisa. O dinheiro é o meio pelo qual você paga por serviços e produtos que atendam a sua necessidade pessoal e de seus negócios. Usar os recursos financeiros com sabedoria requer bom senso para não se deixar levar pela empolgação e pelo consumismo. O dinheiro pode ser motivo de equilíbrio e tranquilidade financeira se bem empregado. Mas também pode ser motivo de tormento, quando mal-empregado. A falta de recursos para honrar compromissos e custear suas necessidades básicas faz de sua vida um martírio. A dica é buscar o equilíbrio financeiro.

Outros hábitos também podem contribuir para um controle maior, como pesquisar aplicações financeiras mais rentáveis. Outro exemplo é rever as tarifas que são debitadas em sua conta corrente, retirando serviços que você não usa ou não precisa. Pesquisar antes de comprar também é uma forma de usar melhor o dinheiro. Hoje, com a internet, a pesquisa pelo melhor preço é bem simples. Uma outra situação que merece sua atenção é antes de comprar se perguntar: preciso realmente disso? É comum as pessoas terem em casa um monte de cacarecos que compraram por impulso e que não possuem utilidade. Avalie e gerencie suas finanças.

TENHA AUTOCOMPAIXÃO

As dificuldades parecem muitas diante das possibilidades que a vida lhe proporciona. Para driblá-las com sabedoria, é preciso reconhecer que a tempestade é igual para todos, o que diferencia é a forma como cada um lida com ela. Você lida com seus desafios da melhor maneira que consegue, utilizando os elementos que tem disponíveis para enfrentá-los?

Reconhecer que você é o capitão do seu navio chamado vida é fundamental para entender a autocompaixão. Ela possibilita que você administre melhor os pensamentos negativos com o amadurecimento do controle emocional. Ela também amplifica suas emoções positivas e contribui no desenvolvimento de sentimentos de conexão social e prazer com a vida. Ela permite que você olhe para suas conquistas como parte do seu progresso, e para os seus erros como etapas de aprendizagem.

Autocompaixão consiste em compreender que você concorre com você mesmo. A cada momento, a cada dia, você precisa buscar a melhor forma de lidar com suas dificuldades – seja lapidando suas imperfeições, seja melhorando ainda mais suas qualidades. A imperfeição faz parte das pessoas, o que as diferencia é a busca pela perfeição. O propósito da auto-compaixão é diminuir suas aflições para que você tenha mais disposição física e mais energia emocional para enfrentar os desafios da vida.

CONTROLE SUAS EMOÇÕES

Ter sabedoria não quer dizer que você não deva ter sentimentos negativos, mas sim que você se permite vivenciar emoções como tristeza, decepção e solidão. Ter esses sentimentos é normal, mas você não deve se distrair com emoções incômodas, questionando se seus problemas são "justos" ou convencendo-se de que sofreu mais do que as outras ao seu redor. É preciso saber que a melhor maneira de lidar com o incômodo é simplesmente superando-o.

Quando você se concentra em tudo o que está errado, seus pensamentos se tornam excessivamente negativos e isso afetará o seu comportamento. A inteligência emocional é fundamental para identificar a possibilidade de cair em um turbilhão de pensamentos negativos e buscar o apoio necessário para reagir e evitar que eles tomem conta de você.

SAIBA COBRAR DE SI MESMO

É um consenso entre os profissionais de capacitação que a pessoa precisa estar apta a desenvolver tarefas cada vez mais difíceis e com qualidade. Mas isso não significa que você precise se igualar em habilidade e competência com todos, afinal, cada tipo de trabalho requer um conjunto de habilidades e é preciso entender exatamente se títulos, diplomas ou outros indicadores são realmente sinônimo de maior competência. É difícil comparar sua trajetória com a de outras pessoas, pois seu caminho é único e, por isso, valioso. Talvez você esteja se cobrando muito, e isso leva à insatisfação pessoal e à tristeza. Não quer dizer que você não deva buscar a melhor preparação para a sua profissão, sua vida em família ou sua vida espiritual, mas sim buscar as melhores práticas e valorizar o conhecimento e as experiências que você já tem. Tenha consciência de que muitas situações não dependem totalmente de você, então procure atender o que é possível.

SENTIMENTO DE CULPA

Muitas pessoas vivem com um sentimento de culpa indevida e falsa, que leva a uma tendência de baixa autoestima ou complexo de inferioridade. A autoacusação contínua, o medo de fracassar e a exigência excessiva nos relacionamentos são consequências do sentimento de culpa. Tenha empatia por você mesmo! Não permita que esse sentimento o confunda. Pense no princípio da melhoria contínua – reconheça as falhas, busque e crie mecanismos de prevenção, corrija o que for possível.

Ninguém merece um inimigo interno, pois o nosso cérebro não distingue autocríticas de críticas alheias, gerando uma resposta de estresse semelhante. Precisamos cultivar uma parte amiga, compreensiva, acolhedora e amorosa com nós mesmos, com as nossas falhas, incertezas, dificuldades e sentimentos difíceis. Muitos profissionais de saúde têm mais facilidade em sentir compaixão pelos outros do que por si mesmos. Sejamos os nossos melhores amigos, especialmente em situações tão assustadoras e incertas como a de uma pandemia, por exemplo. Cada um de nós está tentando fazer o seu melhor, dentro de suas possibilidades, seu campo de conhecimento, suas habilidades e sua capacidade emocional.

Ninguém é de ferro e ninguém é uma ilha. As pessoas são seres sociais e precisam de conexão com os outros como o ar que respiram. Mantenha contato assíduo com seus familiares e amigos, utilizando a tecnologia a seu favor para conseguir manter a proximidade. Lembre-se de dar e acolher conselhos. Cuide de sua saúde, perceba sinais de atenção e faça pausas quando necessário. Pratique a autocompaixão!

TENTE SE CONHECER UM POUCO MAIS

Responda a estas perguntas de forma objetiva e sincera. Faça uma autorreflexão com suas respostas.

EXERCÍCIO

Em que sou bom?

_____

Em que sou razoável?

_____

Em que sou ruim?

_____

Sabedoria nos negócios e na vida

O que me cansa?

Qual é a coisa mais importante da minha vida?

Quem são as pessoas mais importantes da minha vida?

Quanto tempo preciso para dormir?

O que me estressa?

O que me relaxa?

Qual é a minha definição de sucesso?

Que tipo de profissional eu sou?

Com base nas suas respostas, busque pensar se elas são justas e corretas com a sua vida. Elas são fruto de julgamentos muito autocríticos ou são reais? Tente avaliar seus sentimentos e identificar os pontos que podem ser trabalhados.

3. SABEDORIA: COMO TOMAR DECISÕES DIFÍCEIS

Vimos que a sabedoria está presente em diversos aspectos de nossas vidas. Um ponto importante para pensar sobre a sabedoria é o conjunto de valores que falamos no capítulo anterior, mas também podemos pensar a partir da perspectiva da moral e da fé. De maneira simples, podemos pensar na moral como um conjunto de valores que guiam a nossa conduta, sendo praticamente um conjunto de normas que orientam aquilo que pensamos e, mais do que isso, aquilo que colocamos em prática. Podemos orientar a nossa moral por diversas abordagens, e a fé é uma delas. Nesse contexto, podemos pensar que a fé é o consentimento intelectual a uma afirmação, na qual a verdade parece estar garantida – não por uma evidência imediata, mas pelos motivos de credibilidade em favor daquele que afirma e daquilo que é afirmado. É a conexão do intelecto com a verdade que a fé reconhece. A fé é a certeza nas coisas que esperamos e a convicção de que outras coisas virão. É uma atitude interior, uma convicção ou confiança que relaciona as pessoas com Deus.

A expressão da fé se dá pela força de vontade, daí o seu valor moral. A certeza da fé envolve um elemento subjetivo, que é a adesão ao entendimento. Existe, na fé, um elemento objetivo, que consiste na confiança dos sentimentos e da sua própria verdade. Sua conexão não é só de fato, como também de direito. Ela representa um consentimento intelectual diante de algo que acontece, algo concreto. A crença tem o testemunho como desnecessário, acreditando naquilo que nem sempre está explícito.

A fé também tem o poder de estender a esperança, de reorganizar as prioridades e canalizar os esforços para o enfrentamento da dificuldade.

Sabedoria nos negócios e na vida

ATENTE-SE

As suas crenças influenciam a saúde física e mental, assim como a forma com que você vê a vida. Veja esse caso: a Universidade de Harvard desenvolveu um trabalho de pesquisa importante nos Estados Unidos, com cristãos. Ela comprovou que ir à igreja pelo menos uma vez na semana pode reduzir a sua mortalidade de 20% a 30%. Os pacientes inspirados pela fé são mais otimistas e adotam de forma ativa as terapias.

Precisamos sempre de motivação para tornarmos valorosas as nossas atitudes e as nossas decisões. A moral e a fé podem ser pensadas como forças renovadoras que permitem que isso seja materializado. A fé assegura a capacidade e a coragem para avançar, para realizar aquilo que jamais imaginaríamos fazer, se não a tivéssemos. É a força que você tem contra o impossível, quando nada mais parece resolver e tudo parece estar perdido. À medida que nenhum dos meios existentes serão suficientes, a fé é o poder que o ampara e o reanima.

A fé também é a adesão de nosso relacionamento com aquilo que existe de superior e de divino. Não importa quem você é e qual o seu caminho escolhido na vida, haverá tempos difíceis. Esses momentos difíceis testam a sua fé e a sua confiança nas coisas que não podem ser vistas. Somos testados diariamente, por notícias terríveis que lembram de morte e crueldade, por problemas pessoais, pelas falhas humanas de nossa família e amigos. No entanto, quanto maior a sua fé, maior a sua capacidade de abrir caminhos no mundo, de entender que as suas decisões estão realmente alinhadas com aquilo que você acredita e quer viver.

Todos falam sobre fé, mas poucos se dão ao trabalho de compreendê-la. Fé não é apenas apegar-se a certos ensinamentos, como o de que existe algo superior e divino, mas sim estar convicto de que o mundo ao seu redor faz parte de um plano maior. É compreender que, apesar de o mundo parecer confuso e desequilibrado, existe muito mais no mundo do que podemos ver com nossos olhos.

VISÃO, DIREÇÃO E INTELIGÊNCIA EMOCIONAL

Suas emoções foram desenvolvidas naturalmente, em séculos de evolução. Como resultado, elas possuem o potencial de servir como um sofisticado e delicado sistema interno de orientação. Você já parou para pensar nisso, no seu dia a dia? As emoções nos alertam quando as necessidades humanas naturais não são atendidas. Por exemplo, quando você se sente só, sua necessidade é encontrar outras pessoas. Quando se sente receoso, sua necessidade é por segurança. Ao se sentir rejeitado, sua necessidade é por aceitação. Suas emoções guiam a sua percepção sobre aquilo que está ao redor e, por isso, é preciso estar atento ao que elas dizem. Não se trata de ser totalmente guiado pela emoção, mas sim de usar o intelecto para orientá-la em ações concretas e sábias.

VISÃO

Visão de vida corresponde à maneira que cada pessoa se autopercebe no mundo. Geralmente, a forma que você se imagina é diferente da forma que os outros o veem. Isso também acontece na maneira como percebemos a vida, como está e como pode ser, o que depende diretamente das decisões e ações tomadas. Essa forma como vemos a vida pode ser muito diferente do que a da maioria das pessoas. A visão, a percepção e a compreensão da vida variam de observador para observador.

A visão da vida determina a sua forma de agir, de se apresentar para o trabalho, para a família e para os amigos. Define o nível de entusiasmo e comprometimento com as diversas áreas da vida. Por isso, é muito importante se posicionar na vida para poder ter escolhas. Para fazer escolhas, você precisa ter poder de escolha naquela área. Por exemplo: escolher uma casa e um carro, além de reconhecer os atributos para ambos, envolve dinheiro. O dinheiro é importante no poder de escolha e, às vezes, uma determinada opção de vida requer pensar também em elementos secundários, mas fundamentais

Sabedoria nos negócios e na vida

para viabilizar a sua escolha. Assim, ter o poder de escolha que buscamos também envolve preparação, sabedoria e a forma de discernir sobre a vida.

É nesse momento que é preciso manter a fé e a moral que comentamos. Elas ajudam a ter uma visão do processo como um todo, facilitando a compreensão da jornada e do que é necessário para enfrentar para cada momento.

A forma que você planejou cada fase anterior de sua vida determinou a forma que você está vivendo a fase atual. Negligenciar a gestão da sua vida é delegar as decisões mais importantes da sua vida para o acaso.

REFLITA

Para guiar você nessa descoberta, que tal refletir um pouco sobre qual visão que você tem sobre os temas a seguir?

De mundo?

De família?

De amigos verdadeiros?

De trabalho e negócios?

D riqueza?

De vida espiritual?

De fé?

São perguntas simples, mas as respostas têm um significado amplo para a sua vida. Reflita e responda para si mesmo com calma. Utilize o que viu até agora sobre sabedoria e busque ponderar sobre as respostas.

O esquema a seguir é uma visão simplificada e geral de algumas fases da vida, mas ilustra bem a ideia de como você deve ter uma visão sistêmica de vida e fazer suas escolhas. Pense o seguinte: você deve conquistar o que ama e o que precisa; na sequência, buscar manter o que conquistou; finalmente, melhorar e ampliar suas conquistas.

Examine o esquema a seguir e reflita sobre como estava em cada momento, como gostaria que tivesse sido, como está atualmente e como quer estar no futuro. Lembre-se de que você não pode alterar o que passou, mas pode aprender com o passado. Aplique ações corretivas e defina ações preventivas para evitar erros conhecidos.

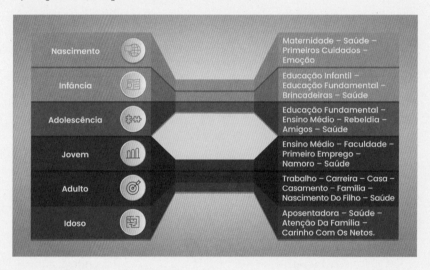

DIREÇÃO

Como falamos, as emoções estabelecem uma sintonia emocional para identificar e entender nossos desejos e sentimentos, e isso pode também ser usado na busca para entender e interagir com o próximo; assim, as emoções podem ser vistas como a maior fonte em potencial capaz de unir todos os membros da espécie humana, permitindo que todos se entendam de forma apropriada e possam canalizar o interesse comum. O equilíbrio dessas emoções permite o pensamento claro e objetivo, o que é fundamental para o funcionamento adequado da sociedade.

Sabedoria nos negócios e na vida

Uma visão distorcida da vida e da realidade leva os indivíduos à ruína. Quando você não tem visão como um todo, de forma sistêmica, de maneira consciente, perde a direção, a motivação e a dedicação. Em termos coletivos, causa impactos que podem prejudicar o bem-estar social, ambiental e econômico dos povos. Pensar em um destino melhor motiva todos a tomarem as medidas necessárias para que isso aconteça. A visão permite definir o que queremos para o futuro, guiando a narrativa sobre o caminho entre onde estamos e aquilo que realmente buscamos e acreditamos, seguindo nossa moral assim como os povos antigos seguiram a Deus rumo à terra prometida.

EXERCÍCIO

Reflita sobre a seguinte questão: minhas escolhas e objetivos estão alinhados com os das pessoas que estão ao meu redor? O meu sucesso também irá gerar impactos positivos para outros e para a sociedade?

_____

_____

_____

Quando a compreensão da vida com um todo é estabelecida de forma clara em sua mente, sua energia e esperança são potencializadas. Ninguém é obstinado na jornada sem conhecer o destino. A caminhada é mais saudável e prodigiosa quando o destino é compensador. Ao construir sua casa nova, todos os dias de trabalho são uma benção. Quando se está à frente de um negócio promissor e honesto, cada dia de trabalho é uma fração do sucesso final.

A cada passo em direção a um objetivo mais esperança é gerada para auxiliá-lo a dar o passo seguinte. A esperança é a energia que o mantém seguindo em frente e no caminho para a realização total de sua visão. Cada passo, mesmo que difícil, o impulsiona de maneira mais poderosa e

Sabedoria: como tomar decisões difíceis

Você realmente tem esperança na realização de seus sonhos, objetivos e metas?

@josepaulogit

Sabedoria nos negócios e na vida

rápida para essa realização. De certo modo, a esperança é a única energia perpétua da humanidade; é um componente emocional maior do que a mera expectativa, é um processo ativo de raciocínio consciente e inconsciente. A esperança está intrinsicamente ligada ao cuidado e ao empenho que colocamos nas coisas que fazemos. Saber que está na direção certa o enche de esperança quanto à realização de seus sonhos.

Há um princípio ou uma regra na evolução pessoal que afirma que cada ser humano está em processo contínuo de mudança, evoluindo e crescendo na direção de suas crenças. Os objetivos proporcionam um claro senso de direção e a consciência de que as decisões relativas à vida dependem de você. Por exemplo, se buscar a felicidade de maneira direta e a qualquer custo, ela escapa, dando a impressão de que está, na verdade, cada vez mais longe. Porém, quando nos dedicamos, fazemos algo que realmente importa e agrega valor, nós nos percebemos verdadeiramente muito felizes. A felicidade não é um destino, e sim o caminho, ela é viva e deve ser cultivada.

A dedicação em se manter na direção aos seus objetivos fortalece suas aspirações e aumenta a sua energia emocional. Quanto mais você pensa sobre a própria meta, mais ela domina e orienta sua vida. Quanto mais você pensa na direção que sua vida deve tomar, mais rapidamente se coloca diante dela. A direção certa garante avanços constantes rumo aos objetivos. Imagine uma viagem. O local onde quer estar é o objetivo; a estrada, o caminho; saber qual estrada seguir e qual o melhor lugar para estar é a direção; a viagem é a visão.

Direção é como a relação humana que alguém mantém com outro, de ordem espiritual, tendo por fundamento o próprio homem em sua individualidade e liberdade. Os fins e meios da direção espiritual são os que se relacionam com a purificação de cada pessoa e sua relação de proximidade com aquilo que lhe é sagrado. Essa aproximação aparece como uma orientação em diversas obras, inclusive na Bíblia, onde o livro de Eclesiastes manda nos dirigirmos a alguém temente a Deus, cuja alma seja semelhante à nossa.

Sabedoria: como tomar decisões difíceis

INTELIGÊNCIA EMOCIONAL

Para falar de inteligência emocional, temos como referência Daniel Goleman, psicólogo científico especializado nessa área, que apresenta o conceito de "duas mentes" – a racional e a emocional. "Inteligência emocional é a capacidade de gerenciamento dos sentimentos, de modo que eles sejam expressos de forma adequada e eficaz" (Daniel Goleman). As emoções fazem parte das pessoas, não se vive sem emoções. Administrá-las e expressá-las de forma condizente refletirá no sucesso pessoal e profissional.

A inteligência emocional não aparece descolada do racional. Ambas se integram em nosso cotidiano, na hora de mobilizar nossas habilidades e competências para tomar decisões, nos relacionarmos e colocarmos o nosso trabalho em prática.

Além da inteligência emocional, o autoconhecimento é de grande importância para a construção de uma vida pessoal e profissional concreta e mais assertiva. Ter clareza para identificar as fortalezas e fragilidades do seu perfil profissional é uma habilidade muito valorizada pelas empresas e que é observada nas fases de um processo de seleção. Não se trata de tentar dominar tudo, mas sim de entender quais são os seus pontos fortes e trabalhar intencionalmente para aprimorar aqueles que precisam de desenvolvimento.

De certa forma, existe uma dificuldade de os profissionais pensarem nisso de forma assertiva. Uma das possibilidades para amadurecer esta percepção é por meio dos feedbacks recebidos no decorrer da trajetória profissional e pessoal, ou seja, prestar atenção naqueles que convivem com você e que estão comprometidos com o seu desenvolvimento. Os feedbacks darão indícios das potencialidades e das fragilidades de desempenho, da forma com que estabelece seus relacionamentos e do posicionamento adotado nas diversas situações. Procure encará-los como uma forma de crescimento e não como uma repreensão. O esforço e a determinação em direção aos seus objetivos impulsionam sua força de vontade e intensificam sua inteligência emocional a favor de seus propósitos. Muitos desperdiçam sua energia emocional brigando contra fatos, quan-

81

do o melhor seria concentrar suas ações em fazer melhor. É preciso ter autoconfiança em seu potencial e trabalhar para evoluir em suas falhas.

A inteligência emocional, assim como todas as outras competências, pode ser desenvolvida pelo ser humano. Depois de identificar as fraquezas emocionais que mais prejudicam seu desempenho, é necessário dedicar esforços para melhorá-las.

A inteligência emocional está associada a habilidades como motivação e persistência diante de frustrações. Controle seus impulsos, direcione as emoções para situações adequadas; seja grato e motive as pessoas com que se relaciona, ajudando-as a liberarem seus melhores talentos; e se dedique a objetivos de interesses comuns.

A seguir, buscamos sistematizar alguns fatores que devem ser trabalhados no desenvolvimento da inteligência emocional:

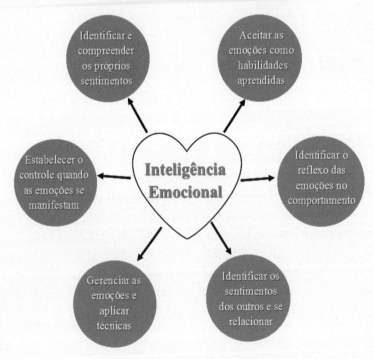

Para Goleman, a inteligência emocional é fundamentada por cinco pilares essenciais: autoconsciência, autogerenciamento, motivação, consciência social e gerenciamento de relacionamentos. Vamos detalhar cada uma para melhor entendimento.

✓ Autoconhecimento é a fase inicial e condiz com a identificação das emoções e dos motivos, ou seja, o que desencadeou tal emoção. Fundamenta o autoconhecimento, a autopercepção e o senso crítico apurado. O autor afirma que é importante, neste processo, reconhecer as emoções e as reações advindas delas.

✓ Autogerenciamento é o passo seguinte: com a emoção identificada e aflorada, como canalizá-la de forma assertiva? Como demonstrar a frustração, o medo, a raiva e a alegria de modo apropriado para o autodesenvolvimento e o aprimoramento? Dar vazão às emoções e se perceber constantemente é uma possibilidade segura e viável para adquirir a habilidade de administrar melhor as emoções. É preciso, assim, estabelecer o controle quando as emoções se manifestam.

✓ Motivação é compreender os motivos intrínsecos que me estimulam a seguir em frente e não abandonar aquela ideia e/ou projeto, tendo um caminho autogerenciado e não dependente de obrigações externas. Refletir sobre o que me deixa satisfeito, como o trabalho, os lazeres com os quais mais me identifico e recarregam minhas energias, é importante para identificar minhas motivações. Direcione seus sentimentos em prol de um objetivo.

✓ Consciência social está relacionada à empatia e à percepção e compreensão daqueles que estão à sua volta, como colegas de trabalho, amigos e familiares, bem como o coletivo da sociedade em que vivemos. Identificar qual é a melhor forma de expor suas emoções e percepções para o outro favorecerá relacionamentos mais harmônicos.

✓ Gerenciamento dos relacionamentos diz respeito a manter vínculos duradouros, saudáveis e harmônicos em diferentes

Sabedoria nos negócios e na vida

contextos, o que oferece subsídios para avaliar sua inteligência emocional. Desenvolva habilidades em relacionamentos interpessoais. Gerencie emoções e aplique técnicas.

Agora que você já viu quais são os cinco pilares da inteligência emocional, que tal fazer um exercício de desenvolvimento sobre o tema? Na tabela a seguir, liste algo que você considera positivo e algo que você considera que precisa de desenvolvimento em cada um dos pilares apresentados.

Pilar	Ponto forte	Ponto a desenvolver
Autoconsciência		
Autogerenciamento		
Motivação		
Consciência social		
Gerenciamento de relacionamentos		

O caminho, a verdade e a vida

As pessoas sentem e veem o que de melhor pode existir na conduta humana, refletido na conduta moral, que seguem de acordo com a sua ética e com sua fé. Seguindo o exemplo de Jesus, vemos que a forma que ele convivia com as pessoas, apesar de todas as divergências da época, buscava convergir a todos para um sentimento comum. O equilíbrio com que agia e tratava a todos – cobradores de impostos, soldados, ricos, rabinos ou o povo – era feito com perfeição, pode se fazer presente em todos os momentos e pode nos guiar diante dos desafios da vida.

O CAMINHO

Quando precisamos chegar a um determinado local, precisamos escolher um rumo e segui-lo. Ouvimos muitas coisas sobre a importância de seguir pelo caminho certo, mas nem sempre pararmos para pensar no que isso quer dizer. Não dizemos somente sobre chegar a um destino certo, mas sim sobre seguir por um caminho adequado. O caminho não é somente um meio para chegar até o ponto desejado, mas sim um modo de viver a verdade que acreditamos.

Podemos ter um objetivo nobre – como ter um emprego bom e desfrutar de seus benefícios financeiros para ajudar nossa família, por exemplo –, mas ele realmente só é correto se seguimos um caminho digno e respeitoso para chegar até ele. "Os fins justificam os meios" é um pensamento de Maquiavel para versar sobre táticas e comportamentos sociais, mas nem sempre se adequa ao que realmente queremos e acreditamos.

A VERDADE

Falamos antes sobre a importância de viver a partir da nossa verdade, buscando exemplos de pessoas que possam servir de inspiração. A verdade é algo que está presente em qualquer momento e lugar, não importam as circunstâncias. Essa verdade é colocada diante de cada um de nós e nos desafia quando vivemos situações complexas.

A verdade não pode ser customizada, como muitos fazem para atender a seus interesses. Muitos utilizam até mesmo a própria verdade divina para buscar essa adaptação, sugerindo que suas ações equivocadas estão, de fato, alinhadas com o que Jesus nos ensinou. Quando Jesus afirma: "Eu sou a Verdade", ele não deixa dúvidas de que seus ensinamentos são reais, incontestáveis e absolutos. Por isso, quando estiver em dúvida sobre suas ações ou sobre as atitudes de outras pessoas, pense: Jesus realmente faria isso?

Temos a predisposição de comparar o que temos ou recebemos com o que acontece aos outros, e medimos a justiça e o sucesso por essa comparação. Isso leva à armadilha de querermos diminuir os feitos do outro. Isso lhe dá a sensação de ter uma vida melhor, pois faz uso da comparação como instrumento de medição da justiça e do sucesso.

Sabedoria nos negócios e na vida

A VIDA

Há um entendimento geral de que é difícil produzir uma definição científica de vida que seja aceita universalmente. Uma possível explicação é ligada ao fato de que cientistas de diversas formações que lidam com a questão – filósofos, teólogos, cientistas sociais, biólogos, químicos e ecologistas, citando alguns – discordam significativamente uns dos outros. Mas é possível entender, de forma ampla, que a vida compreende as definições de todas as áreas, pois tudo o que fazemos, conhecemos e desejamos está, de alguma forma, relacionado à vida.

A vida é composta por um conjunto de ações e reações que são produzidas de acordo com suas experiências e preparação. As experiências são adquiridas no próprio processo de viver. A preparação é adquirida a partir das escolhas que você faz. A sabedoria consiste em observar e compreender as experiências, buscar a preparação, potencializar as boas e neutralizar as ruins.

Muitas adversidades, calamidades e situações difíceis não podem ser evitadas, mas você pode escolher como enfrentá-las e encontrar um sentido nelas. A vida é repleta de escolhas e elas determinam os resultados para essa vida. Estar preparado faz então todo o sentido, mesmo quando percebemos nossas limitações – temos aí o caminho para lutar pelo desenvolvimento e pela busca de nossos objetivos.

A vida constitui a identidade de um ser. Vários fatores associados constituem sua forma de vida – o local onde nasceu, a família a que pertence, as pessoas com quem convive, a fé que professa, o trabalho, os estudos, e assim por diante. Cada elemento da formação de sua vida dará o tom de como ela é percebida pelas pessoas. Deve haver um equilíbrio entre suas expectativas e o que esperam de você. Embora se possa dizer que a vida é sua e que deve ser vivida de acordo com os seus interesses, é necessário entender, como já dito, que a vida deve ser compartilhada.

A vida coletiva necessita ser considerada em seus planos, além da vida individual. Não há sentido na vida sem as pessoas. Todas as coisas que desenvolvemos e criamos são para aproximar e melhorar a vida das pessoas. Para a vida ser completa, você necessita da família, amigos e demais pessoas que compõem seu círculo de relacionamento e convivência.

VOCÊ É UM GRANDE CRIADOR

Para conquistar essa experiência formidável e saudável de criar e construir, precisamos dispor de objetivos claros, padrões desafiadores e conselhos regulares de pessoas experientes. Precisamos conhecer o sucesso gradativo e ter a percepção de que estamos expandindo nossas capacidades a um nível maior. Quando criamos uma situação nesses moldes, percebemos que estamos trabalhando na construção de nossos sonhos. Sentimos que nos tornamos cada vez melhores em algo que é ideal para nós, e que, enquanto trabalhamos de acordo com nossa capacidade, estamos, a cada momento, ampliando-a.

Se acreditamos em algo, com força e confiança suficientes, nosso mundo externo tende a obedecer a um padrão consistente com essa crença. Pense o seguinte: seu mundo hoje é, em grande parte, uma projeção de suas crenças e convicções mais íntimas. Você se comporta externamente com base naquilo em que acredita internamente; enxerga o mundo ao seu redor pelas lentes de sua própria realidade, independentemente de suas convicções estarem corretas. Por isso, que tal pensar em sua própria capacidade, em seu próprio valor?

As mudanças ou construções que realizamos na vida estão relacionadas aos valores e crenças que fazem parte de nossa essência. Quanto mais nobres forem esses valores e crenças, melhores serão os nossos resultados de vida. Uma pessoa excepcional é constituída de valores e crenças excepcionais.

Nossos valores e crenças determinam como vamos aplicar nossas habilidades no desenvolvimento e na construção de nossos sonhos. As competências e habilidades são adquiridas por estudos, treinamen-

Sabedoria nos negócios e na vida

A verdadeira riqueza, quando compartilhada, não diminui. Ao compartilhar seu conhecimento com o outro, você não fica com menos conhecimento por conta disso. Ao compartilhar a sua fé, você não a reduz. Ao ensinar uma pessoa a trabalhar, você não perde sua habilidade. Ao ser gentil com alguém, você não se torna menos afável.

@josepaulogit

Sabedoria: como tomar decisões difíceis

tos e experiências, enquanto valores e crenças são criados por princípios de vida.

A fé é uma força ilimitada e transcende a vida material. Uma pessoa com certo nível de habilidade e competência, com crenças e valores verdadeiros e segura na sua fé é uma pessoa sem limites para suas realizações na vida.

A riqueza não se mede pelo que temos, mas pelo que é possível fazer com o que temos. Ela não se mede por comparação ao próximo, mas pela comparação com nós mesmos e pelo desenvolvimento que temos ao longo de nossa vida. Não diz respeito a conquistar mais para si, mas conquistar mais para compartilhar – e compartilhar com sabedoria.

Quando progredimos financeiramente, devemos desejar e apoiar o desenvolvimento coletivo. A riqueza verdadeira é a boa transformação que você pode produzir nas pessoas e no mundo.

Você é o construtor de sua vida. Com autoconfiança, você se torna mais forte. Mas tenha cuidado: não confunda autoconfiança com arrogância. Autoconfiança é conhecer e acreditar em si mesmo para agir de acordo com suas crenças. É acreditar na qualidade do que viveu, aprendeu e conheceu até agora. Não duvidar de seus valores e de suas habilidades. É colocar em prática todos esses conceitos em sua vida. A arrogância é não reconhecer o valor dos outros, achando-se superior a todas as outras pessoas.

A autoconfiança proporciona um desempenho melhor na vida. Com ela, deixamos a dúvida em relação à nossa capacidade e passamos a trabalhar e dedicar nossos esforços na construção de uma vida mais proativa. A autoconfiança também ajuda muito ao estabelecer relacionamentos com pessoas, pois o que sentimos sobre nós mesmos e o que acreditamos formam padrões de relacionamentos mais duradouros e verdadeiros. A crença em sua própria sabedoria permite experimentar novas situações, pois nos sentimos mais bem preparados e lúcidos. Quando nos

Sabedoria nos negócios e na vida

vemos em situações adversas ou desafiadoras, nos sentimos mais capazes de superar e resolver o problema.

Nós somos nossos próprios criadores. O hábito de fazer as coisas bem-feitas resultará em um trabalho final positivo. A situações de vitórias são criadas bem antes de acontecerem, ao longo do desenvolvimento de nossa vida. Nesse sentido, somos todos indivíduos que vencemos por nossos próprios esforços. As pessoas estão onde estão por conta dos pensamentos que povoaram suas mentes e das atitudes que tomaram com base neles.

Trata-se de uma verdade inevitável da vida que as pessoas são seres em constante construção. Estamos constantemente em processo de criação – o segredo é saber o que estamos construindo. A ideia é depurar esses pensamentos e direcionar o máximo possível para a criação de coisas importantes.

A verdadeira conquista e a felicidade autêntica surgem de se viver a vida em harmonia com os princípios que regem o próprio ser. Mesmo que esses princípios sejam ocultos, eles são fatores decisivos na construção e no desenvolvimento da vida. É o que muitos chamam de limite. Precisamos ter sabedoria para identificar e conhecer nossos limites. Até onde vamos para conquistar um emprego dos sonhos? Quanto estamos dispostos a pagar por um bem? Qual é o limite de uma amizade? Esses e outros vários fatores precisam estar em conformidade com nossos princípios para serem desenvolvidos e aplicados nas verdadeiras conquistas. As pessoas felizes são aquelas que respeitam e seguem as leis da vida e vivem de maneira consistente com esses princípios.

Viver sob a verdade significa estabelecer a paz de espírito como principal objetivo e razão essencial para desenvolver a vida. Portanto, todas as outras metas estabelecidas devem estar coerentes com ela. Dessa maneira, jamais comprometa sua paz de espírito por qualquer indivíduo ou coisa. Faça e diga apenas o que for necessário e correto para você. Acate seus pensamentos e assuma o controle da sua vida.

4. VISÃO CLARA DA VIDA

Imagine que você está em uma caminhada ao ar livre. Mesmo se o lugar for desconhecido, a jornada se torna mais fácil quando é possível ver o que está adiante. É isso o que chamamos de ter uma visão clara sobre algo. Uma visão clara produz direção, promove reflexão e estrutura à vida. Nem sempre o caminho se apresenta completamente aberto e, por isso, desenvolver a visão é o processo de identificar a finalidade para a qual você veio ao mundo. Isso envolve compreender a vida do outro, interagir com o outro – coisas que nem sempre entendemos. Ter uma visão da vida é ter uma visão de si mesmo, compreender sua vida, compreender os outros e, portanto, compreender o mundo. Isso pode parecer muito complicado, mas a vida não existe sem essa percepção.

Precisamos compreender que nossa jornada é um equilíbrio a ser encontrado entre a vida pessoal e a vida social, entre o eu interior e o eu que os outros conhecem. É claro que esse equilíbrio não depende apenas de você – o mundo a sua volta o interfere. Por isso, precisamos ter uma visão clara de vida, identificando onde precisamos praticar a tolerância.

Possuir essa visão de vida não é o mesmo que simplesmente ter uma vida melhor, mas se preparar para torná-la melhor. Tem a ver com o que a vida nos oferece e o que recebemos dela. Ao escrever um livro, preciso das palavras certas e da estrutura correta, não é mesmo? Às vezes, essas palavras estão incompreensíveis – apagamos, riscamos e acabamos deixando lacunas no texto. A visão de vida é aquilo que usamos para recorrer aos valores certos, permanecer no caminho correto e não deixar lacunas.

Dispor de uma visão clara da vida é dar significado aos seus sonhos e objetivos. Pense na visão como destino e na vida como caminho. Com essa perspectiva, conseguimos um propósito para delinear metas. Uma visão clara facilita a superação dos desafios encontrados e permite definir expectativas pessoais de sucesso.

DICAS

Algumas dicas para definir uma visão:

- Identifique o que é importante para você. No que você acredita? O que você quer que mude? Descubra o que é mais importante para você.

- Seja criativo. Agora não é o momento de ficar na zona de conforto, apenas no estabelecimento de metas. Sua visão de vida deve ser algo de longo prazo e de grande valor para realizar, mas deve deixá-lo entusiasmado.

- Formalize sua visão de vida. Registre em um documento do Word e imprima para olhar e revisar sempre que necessário. Ou, ainda, se você for mais tradicional, escreva-a de próprio punho e mantenha o documento por perto para consultar sempre que precisar. As empresas fazem isso e geram um alto nível de comprometimento. Agora é a hora de criar uma visão para você.

- Descreva seus passos. Mesmo que sua visão pareça distante, você deve ser capaz de delinear os passos que deve seguir para tornar sua visão possível. Descreva de maneira geral quais são as etapas para que sua visão se torne uma realidade. Toda viagem começa com o primeiro passo.

Se tivermos uma visão clara, saberemos exatamente o que queremos. E, com isso, é mais fácil manter nosso rumo, inclusive a longo prazo. Um fator importante para uma visão poderosa é saber exatamente o que estamos dispostos a fazer para alcançá-la, sem nunca se desviar do nosso destino final.

EXERCÍCIO

Pense em algo que você queira muito realizar – pode ser uma promoção no trabalho ou a aquisição de um bem que você deseja há muito tempo. Quando a oportunidade se aproximar, o que você está disposto para alcançá-la?

Quando pensamos claramente nesse caminho, precisamos identificar o que conseguimos fazer e o que não conseguimos. É fundamental saber os limites para sua construção e identificar todos os elementos, os prós e contras, para decidir sobre as atividades que agregam valor à visão. Uma visão clara, do todo, permite que você interiorize a si mesmo, que aproveite seus recursos, suas habilidades e trabalhe com outras pessoas para que o impulsionem em sua caminhada. Isso mantém você focado.

Na ausência de um destino claro, estamos simplesmente vagueando e sendo levados pelo vento de um ponto a outro. Devemos ser confiantes na vida e em nossa fé, mas não podemos deixar de realmente dar os passos necessários para chegar até o nosso objetivo. Uma percepção poderosa se traduz em dedicação, o que dá grande entusiasmo e intensidade nas ações que realizamos. As perdas e lutas desse mundo conturbado têm seu impacto no espírito humano, aumentando as incertezas e as ansiedades. Muitos chegam a questionar se um plano macro de vida realmente pode ser aplicado diante de um cenário tão adverso, em que tantas coisas podem mudar. A incerteza sobre o futuro é uma distração para desviá-lo e enfraquecê-lo. Siga o plano!

Seguir nesse caminho com foco e visão não significa que não devemos olhar para o nosso lado. Por trás de todos os números e estatísticas, existem pessoas. Pessoas desempregadas, carentes, sem abrigo e com pratos vazios. Além de encontrar nosso caminho para uma vida mais próspera, precisamos nos importar também com as pessoas que passam por essas dificuldades.

Retomando a ideia de uma caminhada, o que você faria se encontrasse, no meio da estrada, uma pessoa caída ou doente? Você ajudaria ou seguiria em frente? Situações como essa acontecem o tempo todo em nossas vidas e é fundamental pensar no que iremos fazer quando nos depararmos com elas de novo. Quando seguimos em conjunto, encontramos a força no coletivo, e essa força é essencial para a nossa construção enquanto seres humanos edificados, fiéis a nossos valores.

Uma vida com propósito é uma vida com sentido. É reconhecer que determinadas atividades em sua vida precisam ser projetadas, o que também se relaciona com a visão e a realização à forma que vive.

Para nos orientarmos corretamente, é preciso conhecimento. O conhecimento é muito importante para inovar, criar uma visão de vida e o trabalho é fundamental para essa realização. Ele implica dedicação, estudos e observações. Não se trata só de se formar ou de fazer o seu trabalho de forma bem-feita, mas também de observar o comportamento de outras pessoas e tentar entender se as nossas práticas são realmente condizentes com a teoria. Um líder que prega como valores a dignidade e a igualdade, por exemplo, age contra os seus valores quando pratica atos de discriminação e humilhação de outras pessoas. Então, você precisa conhecer e agir na vida. Você não pode viver apenas por viver, um dia após o outro, ou confiar em tudo o que acontece sem ter senso crítico. O propósito é o de autoria da vida é de desenvolvimento e construção.

Motive-se buscando inspiração em pessoas de confiança e habilidosas em seus projetos de vida. Observe seus gestos, posturas, atitudes, formas de falar e pensar e as principais características que as tornam vitoriosas. Seja crítico em relação a elas, mas também perceba seus pontos positivos e inspire-se neles para seguir.

As batalhas são vencidas ou perdidas na mente. Suas ações são resultado direto de seus pensamentos e da maneira como eles se materializam. Devemos identificar aquilo que deve ser modificado, não pela ótica da revolta, mas sim da transformação.

Citações da literatura universal falam sobre a importância de estabelecer uma visão para sua vida.

DICAS

A visão clara sobre a vida é algo que já foi alvo de pesquisas e diálogos por muitos escritores e pensadores ao redor do mundo. A seguir, separamos algumas das lições que podemos aprender com essas obras.

- Tenha uma visão. É a habilidade de ver o que está oculto. Se pode ver o que está oculto, pode atingir o impossível.

- Visão é a destreza de ver o que os outros não veem.

- Você deve ver além do que você considera ser capaz de fazer. Deve desenvolver um desapego ao limite de suas habilidades. Busque fazer coisas que julgaria incapaz de realizar. Se acha que é incapaz de comandar um negócio, faça disso o seu objetivo.

- O sonho é a visão proativa para sua vida futura. Você precisa sair da sua zona de conforto atual e se sentir confortável com o novo. As possibilidades que se apresentam na busca por objetivos mais audaciosos, quando você abandona o conformismo, enriquecem sua vida como um todo.

- Pense grande, enquanto faz coisas pequenas, para que todas as coisas pequenas caminhem na direção correta.

- Uma visão não se trata somente de uma imagem do que poderia ser; é uma convocação do seu melhor, uma intimação para que se torne e faça coisas melhores.

Quando tudo nos parece urgente, estabelecer uma visão para sua vida pode parecer uma perda de tempo, algo superficial, mas não é: criar uma visão convincente da vida que você deseja é, de fato, uma das maneiras mais inteligentes para atingir a forma de vida sonhada. A visão de vida é como uma bússola, que mantém seu olhar na direção certa e o ajuda a decidir sobre as melhores escolhas e ações.

Especialistas em histórias de vida e de sucesso afirmam que uma pessoa com sua visão de vida consciente tem alta probabilidade de su-

Sabedoria nos negócios e na vida

cesso, muito além do que poderia imaginar se não tivesse essa visão elaborada e clara. Pensando na visão como a bússola, imagine essa perspectiva de vida como um mapa detalhado dos caminhos que devemos percorrer para atingir nossos objetivos. Atingir nossos objetivos gera felicidades e satisfação em viver. A satisfação com a vida e a felicidade pessoal estão ao nosso alcance. A verdade é que, se não nos desenvolvermos e prepararmos com um mapeamento de nossas vidas, estamos permitindo que outras pessoas e circunstâncias direcionem nossa vida.

Qual é a diferença entre metas de longo prazo e uma visão de vida e objetivos? Metas são experiências e realizações individuais pelas quais você se empenha. Uma visão é a imagem maior. A visão de vida define quem desejamos ser, pelo que desejamos ser conhecidos e o conjunto de experiências e realizações que almejamos. Essa visão ajuda a definir as metas, fornecendo uma estrutura para que possamos avaliá-las. Ela é o conjunto de nossos objetivos. Assim, a visão também é o porquê.

Sua visão deve ter como objetivo responder a perguntas como:

Responda essas perguntas para ajudá-lo a definir sua visão de vida.	20 anos	30 anos	40 anos	50 anos	60 anos	70 anos	80 anos
Que tipo de vida quero ter aos meus:							
Quais tipos de pessoas quero estar cercado?							
O que fazer ou estar fazendo em cada etapa da minha vida?							
Quais as melhores coisas que posso realizar em cada fase da vida, conforme circunstâncias, recursos e motivações certas?							

Responda essas perguntas para ajudá-lo a definir sua visão de vida.	20 anos	30 anos	40 anos	50 anos	60 anos	70 anos	80 anos
O que gostaria de mudar no mundo?							
Quais contribuições posso dar ao mundo, que me deixariam realizado e satisfeito?							
Quando morrer, o que quero que as pessoas -digam e pensem sobre mim?							

IDENTIFIQUE O MOMENTO

A verdade está dentro de nós. Em uma vida frenética e movimentada por prováveis verdades e dúvidas, muitas pessoas se autoconsideram mentoras e dizem como devemos viver, como já falamos. É necessário entender que a única pessoa que pode nos conceder uma vida genuína somos nós mesmos. Vida, em seu termo literal, significa existir e reproduzir. A reprodução não inclui apenas gerar vidas, mas também pensamentos, ideologias, filosofias e fé. Uma pessoa que vive uma vida sem sentido tem uma visão muito diferente do que a vida deve ser.

Para onde você vai a partir daqui envolve um pouco de sonhar, imaginar, mapear um curso de ação e então se comprometer com ele. Portanto, você precisa viver com os olhos no futuro, trabalhando no presente e aproveitando o conhecimento que adquiriu no passado.

Da maneira como o concebemos, o tempo é dividido entre passado, presente e futuro. Se pensarmos com cuidado, perceberemos que apenas um desses momentos realmente nos pertence: o presente. Por mais inteligente que você seja, por mais esforçado, não consegue fazer nada agora

Sabedoria nos negócios e na vida

A visão de vida é como uma bússola, que mantém seu olhar na direção certa e o ajuda a decidir sobre as melhores escolhas e ações

@josepaulogit

para alterar o seu passado. Podemos e devemos nos esforçar para reparar um erro, mas essa reparação se dá no presente, no agora. Da mesma forma em relação ao futuro – por mais que sejamos prudentes e nos preparemos para o futuro, tudo que podemos fazer para ter um futuro melhor também é possível no presente.

REFLITA

Você já ouviu a frase: "Daqui a um ano, vai ficar feliz por ter começado agora"?. Essa frase, ainda que pareça simples, implica a força de nossas ações do presente. Isso não quer dizer que devemos agir de forma impulsiva, mas sim não esperar mais para começar algo. Por exemplo: se você quer uma promoção do trabalho e sabe que a oportunidade pode demorar cinco anos para acontecer, o presente é o momento para mergulhar naquilo que você precisa para se tornar o líder que deseja. Quais capacitações você precisa ter? Quais habilidades serão necessárias? Como você pode, agora, começar a exercitá-las?

Quando pensamos dessa forma, fica óbvio que o momento mais importante de sua vida é o agora. Se o agora é o momento mais importante, então é sábio e inteligente fazer o melhor possível agora, no momento presente. Tudo que for adiado poderá se perder no tempo. Perceba também que você não consegue realmente adiar algo para o futuro: quando procrastinamos, precisamos de um novo tempo 'agora' para fazer o que deveria ter sido feito antes. Pois, na verdade, tudo que você tem para viver é o presente.

Somos aquilo que fazemos e vivemos. Nossas ações pontuais e nosso passado não nos definem, mas aquilo que acreditamos e que fazemos em nossa vida ter um significado. Para viver sua vida com sabedoria, entenda o que aconteceu em todos os momentos até agora e faça uso de todas as lições que aprendeu. Nem sempre temos em mãos as condições que seriam ideais, mas precisamos encontrar a melhor maneira para lidar com os recursos que temos disponíveis.

De vez em quando, porém, podemos sentir uma dor de consciência, arrependimento por coisas que fizemos anteriormente e que causaram danos a outros e a nós mesmos. O que podemos fazer? Não podemos fingir que não erramos e nem tentar encontrar justificativas para esses erros. Tudo o que podemos fazer é expressar nossos sentimentos e pedir desculpas, entendendo que só reparamos realmente as coisas quando mudamos nosso comportamento. Precisamos nos certificar de que nossas ações de agora em diante serão um reflexo de nosso compromisso em melhorar. As ações sempre falam mais alto do que as palavras.

Precisamos também pensar nas diferenças entre arrependimento e sentimento de culpa. O arrependimento é a percepção do erro, entendendo nossas falhas. A culpa é aquilo que sentimos quando não conseguimos enfrentar esse passado e adiamos as responsabilidades do presente. Ela pode acabar se tornando um ciclo vicioso – ficamos a maior parte do tempo remoendo o passado, nos preocupando com o futuro e negligenciando o presente.

Por mais comum que seja esquecer, a vida existe nesse momento presente, no agora. Por outro lado, as coisas que fazem parte da sua vida, como finanças, carreira profissional, relacionamentos, são situações que existem sempre em mente e que se ancoram nos outros tempos. Na maioria das vezes, permitimos que nossa mente consuma o momento presente. E, ao fazer isso, deixamos de reconhecer a diferença entre nossos pensamentos e a própria realidade.

Podemos, sim, deixar que a mente se ocupe dela mesmo, mas precisamos fazer isso de forma regrada. É o famoso 'dar um passo para trás' para tomar fôlego e planejar a jornada.

Isso é fundamental quando estamos em uma situação difícil. Normalmente, existem três alternativas de imediato: nos retirarmos da situação, mudá-la ou aceitá-la. As três requerem decisões e terão consequências. Vamos pensar juntos em como isso acontece na prática?

Visão clara da vida

ATENTE-SE

As suas crenças influenciam a saúde física e mental, assim como a forma com que você vê a vida. Veja esse caso: a Universidade de Harvard desenvolveu um trabalho de pesquisa importante nos Estados Unidos, com cristãos. Ela comprovou que ir à igreja pelo menos uma vez na semana pode reduzir a sua mortalidade de 20% a 30%. Os pacientes inspirados pela fé são mais otimistas e adotam de forma ativa as terapias.

Perceba, com essa reflexão, que o que determina nossos resultados de vida é a forma com que lidamos com o presente. Agir e viver bem o presente é a melhor maneira de garantir o futuro. Ter uma visão do conjunto de ações que deve adotar agora e colocar em prática já é a maneira mais produtiva de se viver.

Também não podemos pensar que a visão é rígida e imutável. Por isso, é importante revisitá-la regularmente. À medida que a vida passa, nossos objetivos e sonhos vão se moldando às evoluções do mundo. Por isso, é normal e necessário ajustar a forma de ver e entender nossa visão de vida, pensando nela como um processo. Por enquanto, é importante usar esse método para definir suas metas e dar o primeiro passo para transformar sua visão em realidade.

Você precisa identificar o que é importante na vida. Precisa ir a fundo e no quesito existencial aqui. Qual é o verdadeiro significado da vida? Como você deve viver sua vida? Sua resposta para "o que importa na vida" não será perfeita, e tudo bem. O objetivo é colocar uma aposta no terreno para trabalhar, e você pode mudar sua resposta sempre que revisar a visão de sua vida. Independentemente de sua resposta, haverá coisas que você deseja fazer ou ser, e há recursos necessários para apoiar essas experiências e realizações. Em seguida, faça uma lista das categorias de coisas que são importantes para você.

EXERCÍCIO

As suas crenças influenciam a saúde física e mental, assim como a forma com que você vê a vida. Veja esse caso: a Universidade de Harvard desenvolveu um trabalho de pesquisa importante nos Estados Unidos, com cristãos. Ela comprovou que ir à igreja pelo menos uma vez na semana pode reduzir a sua mortalidade de 20% a 30%. Os pacientes inspirados pela fé são mais otimistas e adotam de forma ativa as terapias.

Sair

Uma situação em que sua presença não produzirá bons resultados e agravará o problema é uma situação de retirada. Por exemplo, em uma briga de trânsito, permanecer gera apenas mais confusão e perigo. Nesse caso, precisamos nos retirar e deixar o poder competente resolver.

Cite aqui uma situação que você vive agora e da qual considera que é melhor sair.

Mudar

Uma situação em que o consumo desequilibrado de açúcar está ocasionando sérios problemas de saúde é uma situação que devemos mudar. Ela depende unicamente de nós, sendo, portanto, mais possível de ser mudada. É claro que podemos e devemos recorrer aos recursos disponíveis para tornar a mudança mais fácil, como acompanhamento técnico e apoio de nossos familiares, por exemplo, mas a decisão é realmente só de uma pessoa.

Cite aqui uma situação que você vive agora e considera que é melhor mudar.

Aceitar

Quando estamos em um relacionamento e há um rompimento, podemos até tentar reatar e corrigir o que está errado, mas a decisão cabe também à outra pessoa. Um relacionamento é uma troca entre duas pessoas e só pode acontecer quando ambos estão livres, felizes e juntos, de bom grado. Assim, se a outra pessoa termina com você, a única coisa que cabe é aceitar.

Visão clara da vida

Cite aqui uma situação que você vive agora e considera que é melhor aceitar.

Aqui estão as categorias atualmente em minha lista:

- Saúde – exercício, alimentação balanceada, atenção plena, perspectiva.
- Habilidade – competências, conhecimento, caráter.
- Relacionamentos – tratá-los e cultivá-los.
- Tempo – saber usar o tempo sabiamente.
- Riqueza – criar o valor necessário para apoiar os objetivos.
- Experiências – valorizar as que vivi e estar aberto a viver novas.
- Conquistas – celebrar onde estou e os frutos do meu esforço.
- Contentamento – ser feliz com quem sou e manter-me firme com o meu objetivo final.

Sua lista pode e deve ser diferente. É tudo sobre o que importa para você e o que você quer do seu tempo neste planeta. Agora, para cada uma das suas categorias, escreva o que você quer ou precisa de cada uma. Pense nas coisas que você deseja realizar ou experimentar e trabalhe de trás para frente para entender como as outras categorias devem apoiar a visão de sua vida.

Saúde	
Habilidade	
Relacionamentos	
Tempo	
Riqueza	
Experiência	
Conquistas	
Contentamento	

Por fim, faça uma declaração que descreva como é sua vida ideal. Eu sei, pode parecer extravagante, mas todo esse exercício pode ser incrivelmente divertido e recompensador. Acabei de atualizar minha visão de vida durante as férias no Havaí por dez dias. Foi o cenário perfeito para ficar todo introspectivo.

EXERCÍCIO

Escreva aqui o que faria a sua vida ser ideal:

_____

_____

Sua declaração de visão consiste em uma descrição geral da vida, combinada com uma lista das áreas mais importantes com os principais objetivos para cada uma. É necessário construir um sistema para si mesmo, no qual você revise sua visão e metas regularmente e atualize seu plano de ação para cumpri-las. Sua principal prioridade deve ser tornar o seu sistema em hábito, algo que você faça, não importa o que aconteça, e não algo em que você precisa pensar ou se lembrar, mas que acontece de forma natural. Comece com lembretes de calendário e itens de lista de tarefas e inclua um tempo de planejamento de vida em suas rotinas diárias e semanais, até que se torne um hábito. Sim, tudo isso é bem parecido com o planejamento de uma empresa. Fazer com que as coisas aconteçam agora requer a aplicação de metas e táticas similares às das organizações.

SEJA UMA PESSOA CONFIÁVEL

Ser uma pessoa confiável significa ser digna de confiança; uma pessoa que não quebra suas promessas ou decepciona alguém por falta de honradez. A pessoa confiável se mantém íntegra em seus valores. Essa pessoa segue o que diz e faz o que promete.

Uma pessoa de confiança jamais fala ou compartilha segredos de outras pessoas. Se alguém não quiser que você saiba de algo, ela não lhe contará esse segredo por conta de sua confiabilidade.

A pessoa confiável não rouba ou pega coisas de outras pessoas sem permissão, desde itens pessoais até delitos maiores, como sonegar impostos. Se alguém de confiança se depara com uma situação em que precisa de algo que pertence a outro, a primeira coisa que fará é pedir permissão para pegar.

Em seus relacionamentos, você deve sempre cumprir a palavra. Não quebre promessas ou decepcione as pessoas, faça o que deve ser feito e o que prometeu fazer. Se precisar mudar seus planos ou romper com alguém, o faça com integridade e honestidade.

Falar e fazer as coisas com verdade nos credencia como íntegros e honrados. Com isso, fica difícil sermos desafiados, ignorados e desrespeitados. O respeito é um reconhecimento à pessoa que faz e fala a verdade. Esse reconhecimento abre portas nos relacionamentos pessoais e nas negociações profissionais. Torna-se parte do juízo que as pessoas fazem sobre os outros.

Ser confiável na organização também diz muito a respeito de quem somos. Quando se marca um encontro em determinada data e horário, é preciso ir e chegar no horário. O ambiente que usamos para trabalhar demonstra da mesma forma o quanto somos confiáveis. Uma sala organizada, onde encontramos facilmente um documento ou uma informação, passa credibilidade profissional. O mesmo com um equipamento que usamos para trabalho na indústria – a conservação, a manutenção e a forma correta com que ele é operado também confere credibilidade. A maneira que executamos e entregamos nossas tarefas, se de forma adequada, nos tornam um profissional de confiança.

Outra forma de compreender o confiável é entender sua aplicação nas demais áreas. O confiável pode ser observado em atitudes e ações. A confiança é aquilo que se espera de uma pessoa, apesar de suas limitações.

Sabedoria nos negócios e na vida

A confiança também pode ser atribuída ao uso e à eficiência das coisas. Os automóveis, computadores, remédios, vacinas podem ser classificados de acordo com suas eficiências. A mesma coisa acontece com procedimentos odontológicos, médicos e de ensino, que podem ser de confiança de acordo com o êxito em suas execuções. Quando você se refere a algo como confiável, essa definição está associada a um comportamento, ao uso de alguma coisa ou à prestação de um serviço.

Ao analisar a confiança pela ótica de ser e agir, é justo e necessário associá-la com integridade. Integridade é um comportamento que se caracteriza por uma associação entre palavras e ações. Uma pessoa íntegra tem um comportamento correto, faz o que fala, o que pensa e acredita, sempre em conformidade com a ética e a honestidade. Ela conserva sua honra, o que acredita se reproduz no que faz, com clareza. As falas e o discurso de uma pessoa íntegra são alinhados com a ética. Um indivíduo íntegro é considerado como responsável, tem valores bem alinhados, princípios bem definidos e alto grau de aplicação ao que se propõe a fazer. Ser íntegro é uma condição básica para viver em sociedade. Portanto, a integridade é uma qualidade indispensável para desenvolver uma carreira em qualquer área.

Existe mais de um tipo de integridade. Vamos conhecer alguns de seus tipos?

✓ Integridade moral: a moralidade está relacionada à dignidade de uma pessoa. Essa integridade se define como valores de um indivíduo, fundamentados no respeito e na honestidade. Quando alguém é ofendido, por exemplo, é possível buscar a reparação da ofensa por meio de um processo por danos morais, previsto em lei para empregar contra quem ferir a integridade moral do outro.

✓ Integridade física: a integridade física preza pela saúde e pelo bem-estar. Quando uma agência bancária não prioriza o atendimento de senhoras grávidas e idosos, por exemplo, a integridade física e o bem-estar desses clientes estão sendo comprometidos.

— 106 —

Visão clara da vida

- ✓ Integridade pessoal: da mesma maneira que a integridade moral, a integridade pessoal tem o objetivo de manter a dignidade do indivíduo, protegendo-o de qualquer tratamento desumano. Em uma situação de agregação ou violência, por exemplo, a integridade pessoal é colocada em perigo.

- ✓ Integridade de dados: essa forma de integridade está ligada à segurança das informações e à proteção de dados, preservando o direito à privacidade das pessoas. Recentemente entrou em vigor no Brasil a Lei Geral de Proteção de Dados (LGPD), que consiste na formalização dessa proteção em forma de lei. Quando suas informações pessoais, número de documentos, dados bancários são divulgados na internet, sua integridade de dados foi comprometida.

- ✓ Integridade intelectual: é o que assegura a possibilidade de você se manifestar, de falar e dar sua opinião e de ter liberdade para agir. Conviver com qualquer forma de censura, por exemplo, é uma ameaça à sua integridade intelectual.

- ✓ Integridade social: é fundamental para a convivência em sociedade. As mais importantes características desse modelo de integridade é valorizar o bem comum, ter solidariedade e senso de igualdade.

COMO RECONHECER SE UMA PESSOA É ÍNTEGRA OU NÃO?

Uma pessoa íntegra é alinhada pela ética e suas atitudes reproduzem os seus pensamentos. Para identificar se uma pessoa é íntegra ou não, é necessário observar com atenção algumas particularidades, tais como:

- ✓ relação entre discurso e ação – o indivíduo apresentará ações e discursos que se relacionam com seus pensamentos. Existe uma conformidade entre fala e ação.

- ✓ respeito e atenção para com todos – não adianta ser respeitoso somente com algumas pessoas ou seus grupos. Esse é um item importante para assegurar a integridade social das pessoas.

- ✓ compromisso com prazos e resultados – faz parte do perfil da pessoa íntegra honrar compromissos, trabalhar em equipe, entregar resultados e ser comprometido com o melhor para sua família e amigos.

- ✓ admitir erros e pedir desculpas – a humildade é uma das características do íntegro; reconhecer e admitir seus erros, desculpar-se por eles e providenciar a reparação, apresentando-se como culpado.

- ✓ manter uma atuação correta em qualquer tempo – a pessoa íntegra mantém a mesma conduta, a mesma atitude em qualquer situação ou condição. Independentemente de estar acompanhado ou só, se mantém ético e age de acordo com suas convicções.

NEM SEMPRE O QUE VOCÊ VÊ É O REAL

A borboleta passa por quatro fases de metamorfose: ovo, larva, pupa e inseto. Esse inseto é muito apreciado pela sua beleza e muito importante por sua função polinizadora. No entanto, corre muitos riscos nas fases anteriores, antes de chegar a ser uma borboleta. Isso ocorre porque nessas fases o inseto não é nada bonito e muitas pessoas acabam se livrando dele, para deixar o ambiente mais charmoso.

Isso leva à reflexão de que as aparências enganam. A maneira como vemos a vida está intimamente ligada às nossas condições físicas e mentais. Portanto, é importante garantir o bem-estar físico e mental nos momentos de tomada de decisão.

Nossas determinações e habilidades impactam a perspectiva com que vemos a vida. A forma que cuidamos de nossa saúde e nosso desenvolvimento intelectual influenciam a maneira como vemos a vida. Por exemplo, para uma pessoa sem condicionamento físico, uma determinada distância pode parecer maior do que para outra. Para uma pessoa com uma condição financeira melhor, determinado preço de um produto parece ser barato. Não vemos a vida como ela é, mas de acordo com as condições que temos para vê-la.

A maioria das empresas aplica dinâmicas de grupo para avaliar os candidatos a um emprego. Provavelmente você conheça algumas dessas dinâmicas, ou até mesmo já participou de alguma. Essas dinâmicas consistem em observar como os candidatos reagem a determinadas situações. A forma que cada candidato vê a dinâmica é diferente e, por consequência, a maneira que respondem a ela também. Aquele que consegue ver o objetivo por trás da dinâmica se sai melhor na atividade. Geralmente, os que são reprovados são os que não conseguem ver o real objetivo da dinâmica, distraindo-se e dando pouco valor à atividade.

A vida nos coloca em muitas situações semelhantes às dinâmicas de grupo. Você pode observar que cada pessoa vê determinada situação de forma diferente. Se todos vissem da mesma forma, agiriam da mesma forma e os resultados seriam muito parecidos. Por exemplo: enquanto alguns acreditam que levantar as seis horas da manhã é um desperdício de sono, outros entendem que levantar nesse horário é aproveitar melhor o dia.

Quando um indivíduo começa a trabalhar em prol de sua visão, quando observa seus pontos fracos e dificuldades, caminha pela estrada do êxito. Não seria possível eliminar o que não conhece, é necessário observar antes seus próprios erros.

A verdade é que a vida de qualquer pessoa terá seus altos e baixos. Ninguém jamais experimentará uma existência completamente livre de problemas, desprovida de obstáculos e frustrações que não requeiram reflexão cuidadosa e planejamento para serem resolvidos. A vida ser tão inesperada pode nos levar a acreditar que é confusa, que não temos

Sabedoria nos negócios e na vida

escolha – ou mesmo a pensar que, se teremos um resultado predeterminado de qualquer maneira, por que se esforçar? Isso pode acontecer quando não conseguimos ver o que está oculto por trás de cada situação, pois cada momento oferece uma oportunidade única para quem está preparado. Você pode pensar que nem todos têm a oportunidade de conseguir ter esse tipo de visão devido às condições limitadas, mas você se lembra do que falamos sobre o progresso coletivo? Se você percebe que alguém está em uma situação econômica, psicológica ou social muito limitada, é hora de usar a sua sabedoria para contribuir para o desenvolvimento dessas pessoas e, com isso, colocar seus verdadeiros valores em prática.

Ver e ser visto, conhecer e ser conhecido, compreender e ser compreendido são fatores determinantes para perceber de forma real o que acontece no mundo. As condições físicas, em todas as suas formas, e as condições intelectuais, em todos os sentidos, determinam o grau de clareza com que você vê a vida e percebe o mundo. A pessoa com maior equilíbrio e desenvolvimento de suas habilidades cognitivas tem uma possibilidade maior de ver as coisas de forma real.

5. O CARÁTER DAS PESSOAS

Muitos dizem que, quando queremos saber o verdadeiro caráter de uma pessoa, devemos observar como ela trata aqueles que não podem fazer nada por ela. O dito popular é cheio de sabedoria! Aquilo que fazemos diante de pessoas que vemos como mais fracas diz muito sobre o nosso caráter. O caráter distingue uma pessoa da outra. É a essência individual de cada pessoa, uma combinação entre suas características, personalidade e caráter.

Falamos de caráter e de personalidade para retratar o comportamento de alguém, mas os dois examinam diferentes aspectos desse indivíduo. A personalidade é mais visível, enquanto o caráter é revelado ao longo do tempo, por meio de situações diversas.

A personalidade é estabelecida pelo conjunto das características emocionais, físicas e mentais de cada um. Por exemplo: a capacidade de falar em público, timidez, organização, necessidade de afeto e assim por diante. A personalidade pode sofrer mudanças e se adaptar ao ambiente.

O caráter, por sua vez, é estabelecido pela soma das características e das ações internas de cada um. Essas características e ações são imutáveis, porque o caráter não é adaptável conforme o ambiente. O caráter revela as pessoas como elas são, está relacionado à moral e à ética. É o caráter que mostra se uma pessoa é íntegra e de boa índole.

O caráter de uma pessoa é moldado com o tempo. Quando você ouve expressões como "construir um bom caráter", geralmente isso se refere a um momento em que alguém está enfrentando um desafio. E, nesse momento, ela necessita levar em conta seus valores para fazer escolhas e

Sabedoria nos negócios e na vida

perseverar. É aí que ocorre efetivamente a construção do caráter, que é o momento em que uma situação que ainda não foi vivenciada pelo indivíduo se impõe e ele precisa demonstrar como vai agir diante dela. O caráter possibilita identificar sua capacidade em fazer ou não boas escolhas, de acordo com seus valores. Toda essa análise faz sentido, pois durante a vida são construídas as habilidades e competências ao mesmo tempo em que formamos o nosso caráter.

Caráter não é uma habilidade que você treina para melhorar. Isso pode até acontecer, caso você perceba que uma atitude ou crença não é legal e tente melhorá-la. Contudo, isso precisa ser sincero e não uma simulação, com fins de passar uma boa impressão. Ser simulado pode ser uma característica oposta ao bom caráter. Provavelmente você já conheceu pessoas que, em determinado momento, acabam revelando sua verdadeira face e deixam seu verdadeiro caráter aflorar, não é mesmo? O contrário também pode ser verdade: será que algumas pessoas já tiveram uma impressão sobre você e depois descobriram estar erradas?

Os bons traços de caráter também refletem bons valores ou boa moral. Isso porque temos de classificar dessa forma as características que a sociedade assimila e compactua como sendo as ideais, as que deveriam ser o padrão. Esses padrões são aceitos como escolhas certas, como ser honesto, respeitoso, responsável e atencioso. Do lado oposto, existem os atributos que a sociedade considera errados, como mentir, enganar, trapacear, roubar e desrespeitar. Assim, de acordo com os padrões da nossa sociedade, alguém de bom caráter faz escolhas que são certas e evita fazer o que a sociedade considera errado.

A maneira de ser, pensar e agir de uma pessoa de bom caráter é resultado de sua formação de vida ao longo do tempo. Esse processo está intimamente ligado aos atributos ou características de valores pessoais, de personalidade e de traços de caráter de um indivíduo, bem como de suas vivências e aprendizados. A interação e a complementação entre esses três conjuntos de características formam o caráter de uma pessoa.

- ✓ Os valores pessoais são os princípios, as ideais, os pensamentos, as palavras e ações que conduzem a sua vida.

- ✓ Traços de personalidade descrevem o comportamento, as manifestações físicas de uma pessoa a ponto de ser conhecida por esses traços.

- ✓ Os traços de caráter descrevem a orientação interna e pessoal do indivíduo, são os hábitos e condutas que a pessoa assume em sua vida.

Qualquer um pode defender a tolerância ou a igualdade, por exemplo. Mas elas só fazem parte do caráter de um indivíduo se ele realmente as pratica. Valores precisam ser praticados e não somente ditos. O caráter diz respeito ao que você aprende, assume e coloca em prática ao longo da vida.

Às vezes, conhecemos pessoas cujas aparências nem sempre correspondem às suas atitudes verdadeiras, que se preocupam mais em serem vistas como modestas e altruístas do que realmente serem assim. São pessoas que não fazem muito do que falam – mais fama do que proveito.

Esta é a divisão essencial entre traços de personalidade e traços de caráter. Traços de personalidade descrevem o que você faz, traços de caráter descrevem quem você é. Você pode mudar o que faz, mas não pode mudar quem é. O que você faz e o que você é devem corresponder à suas características verdadeiras para defini-lo como uma pessoa de bom caráter.

O caráter de uma pessoa é definido por seus hábitos de pensar, falar e agir. Um bom caráter possui uma série de traços positivos, assim como fortes princípios morais.

COMO SABER O CARÁTER DE ALGUÉM?

Identificar o caráter de uma pessoa nem sempre é fácil, porque precisamos usar a nossa sabedoria para entender suas atitudes.

O caráter das pessoas

O bom caráter se apresenta em formas de viver e de se relacionar, estando ligado aos principais traços de integridade. É ter humildade e limites, sem se desviar do caminho certo para chamar a atenção. É ter discrição e mostrar seu caráter em atitudes modestas. É falar e se relacionar de maneira respeitosa com todos.

A confiabilidade é um sinal de bom caráter. Em tempos adversos ou quando as coisas não vão muito bem, pode-se contar com essas pessoas. Quando as coisas vão bem, você também pode compartilhar a sua felicidade, ciente de que os outros reconhecem o esforço por trás disso.

O bom caráter também se manifesta quando alguém assume a culpa pelos seus erros. Requer coragem e honestidade para admitir erros e acatar responsabilidades. A honestidade é uma das essências da pessoa íntegra.

Por experiência, sabe-se que uma pessoa que fala mal de alguém para você ou conta mentiras sobre ela com certeza deve falar mal de você quando não estiver por perto. Essas pessoas tentam levar vantagem desmoralizando ou difamando outras pessoas. Esse é um exemplo de caráter muito duvidoso.

Outro exemplo de caráter duvidoso é o daquele que procura ostentar para diminuir o outro. São pessoas exibicionistas, motivadas pelo orgulho, querendo fazer com que o objeto de sua ostentação demonstre mais poder ou superioridade. O objetivo é parecido com quem fala mal do outro, é minimizar a importância da outra pessoa. Elas querem que você duvide de si mesmo e sinta falta de confiança.

A capacidade de tolerância é outra qualidade da pessoa com um bom caráter. Ela aceita a cultura, a perspectiva e a crença da outra pessoa. Não existem duas pessoas no mundo que possam pensar exatamente da mesma forma. O conflito é inevitável, mas como alguém responde a esse conflito determina seu caráter.

Fique atento com pessoas de temperamento explosivo e dominador, ou que não pensam antes de falar. Essas pessoas costumam ofender

Sabedoria nos negócios e na vida

e magoar outras, pois não levam em conta os sentimentos e as emoções alheias. É importante ser honesto, mas expressar suas opiniões com respeito e gentileza. Também é importante entender que as opiniões dizem respeito a questões individuais e não à reprodução de pensamentos intolerantes. Podemos gostar ou não de certos tipos de música, por exemplo, mas precisamos respeitar o gosto do outro, sem desmerecê-lo. Preconceitos e intolerância também não são opiniões, mas sim atitudes de segregação e que não devem ser cultivadas.

O tratamento dispensado às pessoas e a linguagem adotada dizem muito a respeito do caráter de um indivíduo. A linguagem usada pode ser uma benção pela forma clara, ajustada e respeitosa de se comunicar ou um incômodo pela forma boçal e vulgar de se comunicar ou de tratar as pessoas. Observe como tratar o garçom em um restaurante, o respeito deferido às pessoas mais velhas e o cuidado e carinho com as crianças. Isso diz muito sobre o caráter de alguém.

Ser perseverante é uma característica valiosa do ser humano. Todos irão enfrentar fracassos pelo menos uma vez na vida, mas é preciso superá-los e seguir adiante. Apesar das decepções, a perseverança transforma uma pessoa. O desejo de continuar rumo aos objetivos torna essa pessoa positiva.

Um comportamento respeitoso e bem-humorado também faz parte das características de uma pessoa agradável e de bom caráter. Saber conciliar respeito e bom humor é uma qualidade comportamental apreciada por todos. A pessoa boa é respeitosa sem esperar nada em troca.

O relacionamento com a família diz muito sobre um indivíduo. Respeitar e amar sua família e demonstrar com ações o valor desses relacionamentos são atitudes de pessoas íntegras. Uma pessoa de caráter coloca sua família no topo das prioridades. Respeita suas relações e as pessoas envolvidas nela, sem nunca desejar seu mal ou guardar rancor. O valor que se dá a esses relacionamentos está intimamente ligado ao valor que você dá à sua vida.

O caráter das pessoas

A qualidade de pedir e de dar perdão é um triunfo das habilidades humanas, pois é compreender que as pessoas estão fadadas a falhar ora ou outra e que você mesmo também o está.

@josepaulogit

EXERCÍCIO

Agora é hora de refletir sobre o que lemos e pensar de forma livre naquilo que você considera um traço de bom caráter. Liste a seguir aquilo que você costuma admirar e observar nas pessoas que estão ao seu redor.

_____

_____

_____

OBSERVE OS TIPOS DE PESSOA AO SEU REDOR

A personalidade de uma pessoa influencia toda a sua vida, desde os amigos que escolhe até os candidatos em que vota. Compreender a personalidade das pessoas pode lhe dar uma visão clara sobre suas intenções e objetivos.

Influenciamos e somos influenciados por outras pessoas o tempo todo. O resultado de nosso trabalho não depende única e exclusivamente de nós mesmos, ele sofre influência das pessoas que estão ao nosso redor. Em uma empresa, isso é bem nítido. A equipe que está diretamente envolvida no trabalho, os fornecedores que orbitam em torno de sua atividade e as pessoas que se relacionam direta ou indiretamente com o produto constroem o resultado final de seu trabalho. Esse raciocínio se aplica a todas as áreas da vida.

Na faculdade, na necessidade de formação de grupo de estudos para produção de um trabalho ou artigo, é comum refletir sobre com quem formar uma equipe, não é mesmo? Isso porque o tipo de colega que integrar o grupo influencia o resultado.

Observe que ocorre situação semelhante na vida pessoal. A conduta de determinadas pessoas em relação à família pode revelar uma situa-

O caráter das pessoas

ção da qual você não deseja fazer parte. Pessoas que agem de forma descompromissada com a criação de seus filhos ou no relacionamento com seus cônjuges delegam suas obrigações para outras pessoas, deixando de lado o cuidado e a consideração com elas. Essas situações expressam falta de empatia com os outros e falta de confiabilidade, mesmo que as pessoas considerem tudo normal. Contudo, vemos que os valores por trás disso não são tão sólidos quanto os que precisamos para poder confiar em alguém.

A experiência de vida e a ciência ajudam a identificar a personalidade e conhecer melhor as pessoas que estão ao redor da vida. Os tipos de personalidade são analisados a partir de certos atributos e é importante conhecê-los para saber diferenciar o que são efetivamente traços e o que são reflexos de caráter.

Um dos modelos de personalidade mais famosos é o de Myers-Briggs. Ele conta com quatro indicadores que se combinam em dezesseis tipos de personalidade. Esse modelo é muito usado em ambientes corporativos e em testes comportamentais. O modelo é baseado em dicotomias, ou seja, na atribuição de duas modalidades de expressão para cada função analisada. Nenhuma delas é superior à outra, são somente diferentes e possuem vantagens e desvantagens. A seguir, veremos um pouco sobre elas.

✓ Atitudes

Uma pessoa pode dar vazão aos seus pensamentos e sentimentos ou preferir processá-los de maneira mais pensativa e interna. Chamamos esses dois comportamentos de extroversão e introversão, que são indicados no modelo Myers-Briggs pelas letras E e I, respectivamente.

✓ Funções

Quando absorvemos conhecimentos e ideias, nosso comportamento é o de internalizá-los para que possam ser expressos de alguma forma. Essa expressão pode se dar de maneira intuitiva (N), que é quando nos orientamos por abstrações ou teo-

119

rias, ou sensorial (S), que representa uma ligação maior com coisas mais palpáveis, como dados.

✓ Decisões

Existem pessoas que tomam suas decisões com base na racionalidade (T), nas ideias e nos pensamentos. Há os que o fazem com base na emoção (F), envolvendo questões como empatia e subjetividade.

✓ Ações

O encaminhamento para a ação pode acontecer de maneira mais julgadora (J), que é quando o indivíduo precisa de uma decisão concreta, ou de maneira perceptiva (P), quando prefere deixar suas opções em aberto para experimentar à medida que constrói seu caminho.

Quer saber qual a sua personalidade? Faça um teste online: *https://www.16personalities.com/br/teste-de-personalidade.*

A personalidade permanece relativamente estável ao longo do tempo. Os traços de personalidade que exibiu aos sete anos de idade provavelmente indicarão muito de seu comportamento como adulto.

Claro, você pode mudar alguns traços de sua personalidade. É preciso muito trabalho e esforço para fazer grandes mudanças, mas a maioria dos cientistas concorda que é possível.

A personalidade também pode sofrer influências externas, de nossas vivências. Pense por um momento com quantas pessoas faz contato todos os dias, desde o instante em que acorda até o momento de encerrar seu dia. O ser humano é uma extensão do ambiente que vive e das pessoas com as quais se relaciona.

Em média, os brasileiros gastam um terço do tempo acordados conectados ao celular. Significa dizer que, além das pessoas que você estabe-

O caráter das pessoas

lece contato diariamente, existem as que o contato se dá de forma virtual. Esse contato virtual influencia muito a opinião das pessoas e cria níveis de expectativa nunca vistos. Assim como as pessoas que fazem parte da sua rotina diária, as pessoas que você faz contato pelas redes sociais também contribuem e influenciam a formação da sua opinião.

Embora classificar as pessoas possa parecer uma atitude negativa, é importante descobrir como elas se encaixam em nossas vidas e como nos encaixamos na vida delas. Quanto mais soubermos lidar com as pessoas, mais conseguiremos ter relações positivas e proveitosas, sem equívocos, expectativas e incômodos.

As pessoas ao nosso redor influenciam nosso estado de espírito, que diz respeito ao estado emocional de um indivíduo num determinado momento. Há palavras comuns que facilmente descrevem essas disposições de ânimo, como: entusiasmo, depressão, lassitude, receptividade etc. Muitas vezes esse estado sofre a influência das pessoas que estão ao seu redor.

Os participantes de uma mesma cultura e dos mesmos grupos tendem a possuir o mesmo sistema de valores. Mas as experiências individuais, que os diferenciam dos demais, têm muita importância. Por isso, é importante observar as pessoas com quem está lidando e se envolvendo.

Além disso, a formação e o tipo de trabalho que cada pessoa realiza também indicam que as pessoas têm diferentes aptidões e formas de pensar. Portanto, é importante entender que as pessoas com as quais nos relacionamos influenciarão nossa percepção e a forma que nos posicionamos na vida. Esse contato é positivo para que possamos entender diferentes pontos de vista e sermos mais empáticos.

Um exemplo disso é a estratégia usada pelas grandes empresas no desenvolvimento de seus funcionários. Uma indústria opera com células de trabalho na linha de produção. Uma estratégia inteligente que é aplicada para manter o alto nível da equipe é colocar um funcionário

Sabedoria nos negócios e na vida

recém-contratado ou que precisa se desenvolver para trabalhar com os melhores e mais experientes funcionários por determinado tempo. Dessa forma, o novo funcionário aprende logo como desenvolver suas tarefas de maneira eficiente. Além disso, seu novo olhar traz contribuições e inovações para a forma como as coisas acontecem. Isso ocorre porque o exemplo e o ambiente transformam as pessoas. Essa estratégia se dá também nas outras áreas da vida.

Todos são diferentes, e essas diferenças nas personalidades tornam o mundo um lugar interessante e ajudam no seu progresso. Cada tipo de personalidade contribui para o desenvolvimento coletivo, permanecendo fiel ao seu papel. Você pode imaginar se todos fossem iguais, como as possibilidades de evolução e desenvolvimento seriam limitadas?

O ser humano possui padrões de valor referentes aos objetivos que quer atingir e aos meios que aceita para a respectiva consecução. As pessoas têm um sentido de valor que varia conforme o grau de aceitação e a importância que dão às coisas. Mesmo possuindo idênticas condições, atribuem importância variável aos itens mais individualizados do seu padrão de valores. É necessário perceber e identificar a importância que as pessoas dão a valores e princípios dos quais você não abre mão, para que possa determinar o tipo de vínculo que manterá com elas.

As pessoas reagem de forma diferente umas das outras por conta de suas necessidades e medos. São motivadas por eles, seus pensamentos e ações giram em torno desses impulsos, que se desenvolvem em sua personalidade. Você deve entender por que você e as pessoas ao seu redor fazem as coisas da forma que fazem.

A IMPORTÂNCIA DAS AMIZADES

Todos os seres humanos estão sujeitos às emoções e reagem emocionalmente em muitos casos. A maioria das amizades inicia-se por algum fator emotivo. As interações de amizade geralmente são relativas às necessidades de resposta e de reconhecimento. No desejo por respostas, as pessoas procuram amor, afeto, respeito, provas de que são queridas e de que estão integradas com os demais. Frequentemente realizam-se sabendo que são aceitas totalmente, que sua presença é apreciada, que merecem a confiança dos outros, os quais procuram seu auxílio e conselho. Ajudam a resolver os pequenos problemas pessoais de seus amigos e apresentam a eles os seus próprios.

Em um relacionamento de amizade, os indivíduos variam na amplitude com que tentam satisfazer os seus vários desejos. Em geral, baseiam-se nos padrões de valor que possuem e que adquiriram pela interpretação de experiências passadas. Esses desejos são sentidos por todos, em diferentes graus de intensidade. O indivíduo, em geral, procura satisfazer primeiramente aquele que se manifesta com mais força.

Uma amizade boa e saudável pode mudar a nossa vida em muitos aspectos. Os amigos nos ensinam sobre nós mesmos e nos ajudam a desenvolver um forte senso de autoconsciência, que falta a muitos. Precisamos de um apoio forte em muitos momentos da vida e uma amizade fornece esse apoio. Todos precisam de alguém que se importe e ajude a apontar a direção e o caminho que devem seguir. O núcleo de amigos é fundamental para um feedback seguro e pessoal. Quando amigos reconhecem que há necessidade de dar maior atenção e apoio ao outro, compartilham suas experiências, seus conhecimentos e seus valores. Isso fortalece a amizade e promove o crescimento de todos. Investir em amizades verdadeiras e solidárias enriquece muito a vida e traz benefícios a longo prazo.

Ao longo da vida, as amizades vão surgindo e deixando também de existir. Em cada momento da vida você se deparava com o encontro de uma nova amizade a qual passaria a ter um significado muito importante para aquela fase, não é mesmo? Não tenha dúvida de que elas tiveram forte influência na sua formação.

Muitas vezes essas amizades causaram decepções. Como tudo na vida, a escolha de amigos requer prudência e convicção. Convicção no

Sabedoria nos negócios e na vida

sentido de entender se a nova amizade é realmente uma mão dupla de trocas e benefícios, pois muitas vezes você deve ter se sentido explorado por algum amigo. À medida que amadurecemos, fica mais fácil reconhecer e identificar pessoas que se apresentam na vida como amigos e, no entanto, buscam tirar vantagens dos outros.

É claro que desfrutar de uma boa amizade é poder aproveitar o tempo com esses amigos em eventos de entretenimento e de confraternização. Mas o sentido amplo de amizade vai além. Os amigos compõem uma rede próxima, duradoura e influenciadora em sua vida. Com os amigos, estabelecemos vínculos importantes como sociedade em negócios, indicação profissional, parceria em pesquisas e estudo. Essa relação se estende também na vida pessoal, pois os amigos participam e se envolvem no seu casamento, estão nos aniversários dos filhos, de joelho ao seu lado no momento da oração e comemorando com você em datas e momentos importantes.

Uma reflexão simples sobre amizades é perguntar a nós mesmos se os amigos que estão conosco são as mesmas pessoas que comemoram e choram quando algo acontece. As amizades boas e verdadeiras não representam apenas alegria e comemorações.

Observe como o perfil de nossos amigos é parecido com o nosso. É muito natural que as pessoas busquem para seu círculo de amizades pessoas parecidas com elas, até mesmo porque muitas amizades se originam dos lugares que frequentamos. Se você frequenta determinada igreja, possivelmente terá algum amigo lá. Em seu trabalho, há grande probabilidade de fazer um amigo ou até mais. Ou então amigos que trouxe da infância, dos tempos de escola ou da faculdade. Portanto, é natural que seus amigos tenham traços de personalidade parecidos com os seus.

Muitos amigos também têm perfis totalmente diferentes dos nossos e é importante que isso aconteça, para que possamos conhecer outros pontos de vista e ter experiências enriquecedoras. Às vezes, o contato com o diferente nos faz rever nossas ideias e perceber que muitas delas podem estar baseadas em preconceitos ou visões limitadas.

O caráter das pessoas

Outro fator a analisar é a transformação dessas relações ao longo do tempo. Amigos de infância, em determinado momento, tomam rumos diferentes do seu. É natural as pessoas buscarem informações de amigos que não veem a muito tempo e tentar descobrir como está sua vida. Outras amizades deixam de existir por conta das escolhas que são feitas. Escolhas como as que determinam quem você é, portanto, muitos podem não concordar com isso. Nesse momento, é importante entender se essas contradições são realmente proveitosas, contribuindo para seu desenvolvimento, ou se vão contra os seus valores.

Se as amizades que cultivamos não promovem nosso bem-estar físico e mental, isso é sinal de que algo precisa ser revisto. Por exemplo: se você passa por uma situação de dificuldade financeira, é necessário observar se o ambiente que frequenta não o leva a gastos excessivos com coisas supérfluas, contribuindo ainda mais para seu infortúnio. Amizades verdadeiras conhecem a situação e a necessidade de reparação do amigo em questão. Jamais forçariam uma situação que colocasse o outro em dificuldade ou diminuísse sua honra.

Compreenda a importância das amizades em sua vida e o que você pode fazer para desenvolver e cultivar amigos. Pense e analise para onde suas amizades estão lhe conduzindo. Num processo de amizade verdadeiro ocorre o compartilhamento das coisas boas e o apoio mútuo para minimizar e resolver os problemas.

A amizade é uma rua de mão dupla, dar e receber em um processo que contribui para o seu próprio senso de autoestima. Estar ao lado de seus amigos faz você se sentir necessário e adiciona um propósito à sua vida. No campo profissional, podemos pensar no quanto o network é importante para o desenvolvimento de suas atividades profissionais.

Esse network é vital para o sucesso profissional. Uma rede forte e expansiva fornece percepções sobre tendências, bem como informações privilegiadas sobre vagas de emprego e movimentação dentro da empresa. As mídias sociais facilitaram o aprimoramento das redes de relacionamento e, com isso, a construção do network.

125

Um network de sucesso deve ser equilibrado, o que significa que você deve dar tanto quanto receber. Se você pedir ajuda a alguém ou precisar de um contato, certifique-se de estar pronto para retribuir quando for solicitado. Isso requer confiança de ambas as partes, portanto, conecte-se com pessoas cujas reputação e ética você confie. Provavelmente as pessoas de seu network pensarão e farão o mesmo a seu respeito.

A entrada em uma rede de relacionamento profissional, network, se dá inicialmente pela sua rede de amigos. Amigos de verdade fazem bem para a sua saúde, comemoram com você os bons momentos e estão ao seu lado dando apoio nos momentos difíceis. É ter a oportunidade de se fazer presente na vida das pessoas, oferecendo sua companhia e seu convívio.

O incentivo e apoio de um amigo aumentam significativamente sua força de vontade e suas chances de sucesso para a realização de atividades variadas. Mesmo que seja apenas para conversar e compartilhar seus problemas, os amigos ajudam a lidar com situações graves, como doenças, perda de um ente querido, perda de emprego, ou quaisquer outros desafios na vida. Esse apoio mútuo se faz necessário porque ninguém é uma ilha, você precisa de outras pessoas em sua vida.

Os seres humanos não prosperam sozinhos. Precisam de sua família e amigos como pilares de apoio, especialmente em tempos difíceis. Construir uma forte rede de amigos e familiares ajuda a melhorar seu bem-estar mental e emocional.

Buscamos o autocontrole e, para isso, nos preparamos – estudando, treinando e adquirindo habilidades novas. No entanto, é preciso entender as atitudes que tomamos e que foram influenciadas pelas pessoas que nos cercam.

Por exemplo, uma estratégia muito utilizada em vendas é o marketing de influência. Essa estratégia consiste em construir uma imagem positiva de um produto ou serviço junto a pessoas que fazem

O caráter das pessoas

parte da rede de um influenciador. Muito comuns hoje em dia são os influenciadores digitais. Eles conquistam a admiração e a simpatia das pessoas que os acompanham no grupo. Essa influência passa sempre uma imagem de sucesso, de quem sabe o que quer, autoconfiança. Durante interações em grupo, sugerem e indicam produtos e serviços, que por eles foram testados e aprovados, aos seguidores. Antes do fenômeno das redes sociais, essa técnica de influenciador se dava no presencial mesmo. Era comum nos bares e clubes noturnos aparecerem jovens distribuindo brindes e exibindo produtos que despertavam o desejo de consumo do público.

Esse breve insight sobre influenciador serve para pensarmos em como as amizades influenciam nossa vida. Existem aqueles amigos que se separaram do cônjuge e podem estar tentando te convencer de que a nova vida de solteiro é maravilhosa. Ou ainda aqueles que estão tendo um crescimento financeiro rápido porque descobriram que podem "dar um jeitinho" para ganhar um pouco mais por fora, mesmo que não seja lícito; esses exemplos de conduta de vida são bem comuns – provavelmente você deve ter se deparado com situações similares. O problema é que muitos se deixam influenciar pelo glamour ou pelas facilidades que esse tipo de amizade oferece. Nesse ponto, você deve resgatar o que falamos até agora sobre sabedoria, valores e caráter, e aplicá-los em sua reflexão e decisão sobre quais amizades são necessárias e importantes para você.

Precisamos nos lembrar de que, em relação a boas amizades, a qualidade conta mais do que a quantidade. Devemos cultivar uma rede diversificada de amigos para que possamos nos relacionar nas várias áreas da vida. Encontramos bons amigos na igreja, no trabalho, no jogo de futebol do fim de semana, entre nossos vizinhos e na escola, por exemplo. Na busca de bons amigos que o ajudem na caminhada, é importante participar dos eventos de cada grupo, conhecendo melhor as pessoas e interagindo com elas. São nas ações que conhecemos as pessoas e que nos deixamos conhecer. A confiança é produzida a partir do que realmente se faz, não é construída por promessas, mas por ações.

Além disso, também exercitamos a nossa capacidade de ter habilidades e sentimentos importantes. Se possível, ofereça seu tempo ou talento a um hospital, local de culto, museu, centro comunitário, grupo de caridade ou outra organização. Ao trabalhar auxiliando pessoas que precisam de nossa ajuda e apoio, estabelecemos um enriquecimento para ambas as partes. A pessoa que recebe sua ajuda tem amenizada sua aflição e nós exercitamos e reforçamos a capacidade de ser resiliente.

Convide uma pessoa de que gosta, um amigo para tomar um café ou almoçar com você. Quando você for convidado para uma festa com amigos, aceite. Contate alguém que recentemente o convidou para uma atividade e retribua o favor. Conheça e participe da vida de seu amigo, para que possa ter certeza de que os seus propósitos e valores são parecidos.

Acima de tudo, seja positivo. Você não precisa se tornar amigo de todas as pessoas que encontra, mas manter uma atitude e um comportamento amigável ajuda a melhorar os relacionamentos e a plantar as sementes de amizades futuras. É fundamental identificar e conhecer o terreno onde está cultivando suas amizades.

É comum você conversar com uma pessoa e ela falar: tenho mil e quatrocentos amigos nas redes sociais! Podemos até conhecer essas pessoas, mas não podemos chamá-las de amigos reais. Amigos de verdade são aqueles que você sabe o nome, quem é a esposa ou o marido, quem são os filhos, quem é o pai e a mãe, onde estudou, onde trabalha, o que gosta de fazer, o que não gosta... e assim por diante.

Não podemos confundir contato rápido e superficial com amizade. Nem confundir um like com uma opinião sincera. O que ocorre nas redes sociais é apenas uma representação do que as pessoas querem mostrar, não é a realidade em si. As redes podem aproximar e facilitar o contato com pessoas distantes, mas não são um mundo em si mesmas.

Além disso, participar de um grupo ou comunidade online ajuda a criar e manter conexões importantes de amizades e profissionais. Tam-

O caráter das pessoas

bém podemos manter o contato com mais pessoas, mantendo mais fortes os vínculos que temos. Precisamos encontrar o equilíbrio e entender o que faz parte do mundo virtual e o que faz parte do mundo real.

Quando dizemos que os seres humanos têm capacidade para identificar, delimitar e resolver problemas comuns, não queremos dizer que todos os amigos possuem os conhecimentos necessários. Contudo, eles estão ao seu lado e apoiam as suas ideias e seu processo de autoconhecimento e desenvolvimento – às vezes, concordam com você; outras, trazem pontos que talvez não teríamos pensado sozinhos. Por isso, pondere quais amigos estão verdadeiramente ao seu lado, contribuindo para a sua vida e seu caminho.

Sabedoria nos negócios e na vida

O que ocorre nas redes sociais é apenas uma representação do que as pessoas querem mostrar, não é a realidade em si

@josepaulogit

6. FAMÍLIA E SOCIEDADE

O que entendemos como família? Uma família é um grupo de pessoas com os mesmos laços, que usam o mesmo nome, que vivem sob o mesmo teto, sob a mesma proteção ou dependência. Existem muitos tipos de família e muitas combinações possíveis para determiná-las.

A família é a primeira célula de uma sociedade e, como instituição, precede o estado e a religião. Ela é composta por adultos e filhos, podendo ser naturais ou adotivos. Os filhos são criados pela família até se tornarem adultos e constituírem suas próprias famílias. Assim, cada indivíduo tem uma associação estreita com duas famílias, a família de nascimento e a família que constitui com outra pessoa.

Todos os membros da família interagem uns com os outros de acordo com os costumes sociais e culturais predominantes. Ao fazer isso, eles compartilham amenidades, geram laços de proximidade, recursos e mantém uma cultura comum. Dessa maneira, a família age como uma organização para atender necessidades biológicas e socioculturais, tais como: procriação, sobrevivência financeira, criação e educação dos filhos e reconhecimento pessoal.

A família é certamente uma realidade social que diz respeito a todos, independentemente da maneira como ela se configura. A ausência dela, em alguns casos, pode se transformar em um problema para o indivíduo. Muitos dos problemas que enfrentamos na vida diária são atribuídos à família da qual somos parte. É fundamental compreender que ela faz parte de uma realidade social mais ampla, e que os contextos familiares dizem respeito a processos históricos, sociais, políticos e culturais, que se constroem ao longo do tempo e que, portanto, não são fenômenos sociais isolados. Os espaços em que vivemos e

Sabedoria nos negócios e na vida

as relações sociais que travamos ao longo de nossas vidas estão permeados por histórias familiares e pela sociedade a que pertencemos.

É fundamental considerar todos os contextos nos quais as diferentes famílias constroem suas trajetórias de vida. Pense, por exemplo, que não podemos falar de uma família de trabalhadores do final do século XIX da mesma maneira que abordamos uma realidade familiar da atualidade. Não foram apenas os costumes que mudaram profundamente, mudaram também a economia, a política, os sistemas religiosos, colocando desafios para todos os setores da sociedade. Na atualidade, também precisamos considerar que existem famílias de diferentes formas e que todas elas merecem acolhimento, entendimento e respeito.

Inovações tecnológicas, transformações culturais e novas maneiras de se comunicar transformaram o modo com que as famílias se relacionam, sendo muitas vezes menos presencial e mais por aplicativos de mensagens. A figura do homem como provedor do lar também passa por mudanças. É comum ver uma família onde a mãe figura como único membro adulto, provedora da manutenção e do sustento do lar.

Desde os primórdios, a família foi referência na busca da manutenção da vida do indivíduo, pois era nela que deviam ser atendidas suas necessidades básicas de alimentação e proteção. Pensando na nossa sociedade, entendemos que somos seres sociais, que necessitam pertencer e se sentir protegidos por um grupo. O primeiro grupo ao qual pertencemos é a família. Por isso, quando uma pessoa se vê obrigada a viver sem poder contar com ela, vê suas dificuldades sensivelmente ampliadas. A família tem uma ideia de porto seguro, para onde nos voltamos em momentos em que precisamos de orientação, conforto e acolhimento.

Quando observamos pessoas em situações de vulnerabilidade, vemos que muitas delas não contaram ou não contam com a presença e o convívio da família.

Todos nós temos necessidades fundamentais, e a família tem um papel muito importante nelas. De forma mais técnica e direta, Abraham Maslow definiu um conjunto de necessidades e classificou-as de acordo com suas prioridades. A teoria de Maslow define que as pessoas buscam satisfazer suas necessidades de acordo com uma escala de prioridades, como representado na figura a seguir.

Pirâmide de Maslow

Nessa teoria, as necessidades têm uma hierarquia de prioridades, ou seja, enquanto a pessoa não satisfizer as primeiras necessidades fisiológicas, ela não tem uma busca tão intensa para satisfazer as necessidades sociais, por exemplo.

- ✓ Necessidades fisiológicas: são necessidades básicas essenciais para a sobrevivência das pessoas, tais como: comida, água, casa, roupas, sexo, sono. Se não forem atendidas, o corpo não funciona adequadamente. Essas necessidades são consideradas as mais importantes, porque as demais se tornam secundárias enquanto essas não são atendidas.

✓ **Necessidades de segurança:** as pessoas necessitam organização, previsibilidade e comando, tais como: polícia, escolas, assistência médica, segurança financeira, segurança emocional, emprego, estabilidade social, saúde e bem-estar.

✓ **Necessidades sociais:** amor e pertencimento. Ao serem atendidas as necessidades fisiológicas e de segurança, o próximo nível é o das necessidades sociais que compreende os sentimentos de pertencimento, de relacionamentos interpessoais: amizade, pertencimento, afeto e amor.

✓ **Necessidades de estima:** são o quarto nível na hierarquia e se dividem em duas categorias de necessidades de estima – estima por si mesmo: dignidade, realização, domínio, independência; e desejo de reputação ou respeito dos outros: status e prestígio.

✓ **Necessidades de autorrealização:** são o nível mais alto na hierarquia de Maslow, e referem-se à realização do potencial de uma pessoa, autorrealização, busca de crescimento pessoal e experiências exitosas.

EXERCÍCIO

Pare por um instante e tente fazer uma reflexão sobre seus hábitos de consumo e como eles mudaram nos últimos anos. Tente colocar cada um deles nas categorias propostas por Maslow e responda se esses hábitos surgiram conforme a hierarquia proposta.

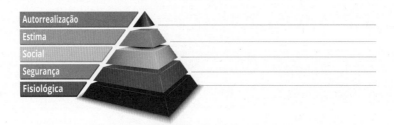

Pode ser que você fique com dúvidas entre um hábito e outro, mas, de maneira geral, seus hábitos devem seguir uma linha de evolução de acordo com o que Maslow propôs. Veja essa hierarquia de necessidades detalhada.

FAMÍLIA COMO BASE

Existem muitas pessoas que passam por momentos difíceis sem ter com quem contar ou se apoiar. Essa é uma situação que raramente se vê quando se vive em uma família funcional, pois a expectativa é a de que uma família saudável se apoia mutuamente. Pessoas que fazem parte de famílias bem estruturadas têm acesso a alegrias do dia a dia que muitas pessoas não vivem. Quando um filho está passando por uma situação difícil, é comum você perceber os sintomas e ir ao encontro para ajudá-lo. As pessoas podem esconder seus problemas do mundo, mas é difícil esconder da família. Mesmo que sua família não concorde e não tolere determinadas situações, ela fará de tudo para protegê-lo.

TESTEMUNHO

Quem me conhece sabe que sou completamente apaixonado pela minha família. Sou casado e pai de quatro filhos e posso garantir a quem perguntar que é essa estrutura firme e sólida que me sustenta em meio aos desafios do dia a dia. Quando era mais jovem, sentia que não conseguia dedicar o tempo necessário para a minha família; costumava ir até a casa da minha avó para visitá-la e observava sempre as paredes cobertas de fotos, nas quais eu pouco aparecia. Essa ausência me incomodava e gerava inquietação, que foi, em boa parte, a responsável por me dar a motivação necessária para buscar empreender e encontrar um estilo de vida que me permitisse realmente desfrutar do convívio de meus entes queridos.

Quando temos filhos, a necessidade desse contato é ainda mais evidente. As crianças desfrutam de uma vida melhor no convívio em família. Fazem refeições mais saudáveis, são incentivadas a interagir com pes-

Sabedoria nos negócios e na vida

soas da família, amigos e em sociedade. A formação e o crescimento se dão de maneira apropriada para o desenvolvimento cognitivo.

Os adultos também vivem muito melhor quando estão no convívio familiar. Pesquisas mostram que as pessoas que vivem em família, com filhos, cônjuges, apresentam uma expectativa de vida superior em relação àquelas de vida solidária. Isso ocorre porque os pais estão propensos a agir com mais cuidado e cautela, com itens que envolvam segurança e saúde, pois consideram suas responsabilidades com os filhos uma missão de vida. Outra superação da vida familiar que faz uma diferença impressionante é quando da necessidade de se cuidar da saúde. Ser acompanhado e cuidado pelos membros de sua família, na travessia de um problema de saúde, é a força milagrosa que faz a pessoa lutar e resistir pelo tempo que for necessário.

Não é só no próprio seio da família que esses benefícios se manifestam. Em relação à vida social, a comunidade se beneficia quando uma pessoa é amparada e educada pela família. Em geral, as famílias entregam à sociedade indivíduos educados e instruídos, com um conjunto significativo de valores e princípios. Com o apoio dos pais e dos familiares, é mais fácil buscar resultados melhores na escola, no trabalho e nos relacionamentos com vizinhos e comunidade.

O convívio familiar ensina as pessoas, pela própria convivência interna, que a melhor maneira de se viver bem em comunidade é contribuindo e fazendo parte dela. Essa contribuição não se refere a recursos, mas a doação de tempo, atenção e participação.

Também é importante pensar no papel da família em relação a problemas que acometem todo o mundo. A violência, por exemplo, faz parte da civilização, ao menos em boa parte do mundo. É um dos papéis da família ensinar sobre essas mazelas e tentar conter seus efeitos na vida dos filhos, garantindo que eles se tornem parte da solução – e não do problema.

A estrutura familiar também se reflete na relação com outras instituições. Profissionais de pedagogia afirmam que os indivíduos que

Família e sociedade

fazem da escola sua segunda casa são aqueles que sentem e vivem a sua casa como a primeira escola. Em casa, com a família, aprendemos sobre a vida, sobre o mundo. Muitos valores éticos e morais são conhecidos e vividos primeiramente no seio familiar. A escola transmite conhecimento por meio da sistemática de ensino-aprendizado, integrando esse conjunto de conhecimentos ao que acontece no mundo e nas relações interpessoais, alargando horizontes e apoiando a formação de cidadãos plenos. As crianças continuam aprendendo fora da escola, por meio de exemplos. Os valores familiares são marcas que as pessoas carregam para toda a vida, podendo ser reforçados ao longo de nossas experiências ou até mesmo aprimorados.

As famílias necessitam de uma casa para atender suas necessidades básicas, mas é necessário um lar para constituir uma verdadeira família. O lar independe do tipo de casa em que se vive, pois o lar é constituído de pessoas e valores. Os valores regulam e moldam o indivíduo. Quanto mais nobres e verdadeiros forem esses valores, melhores serão as pessoas que constituirão esse lar.

EXERCÍCIO

Que tal pensar um pouco sobre a sua família e sobre os valores que você aprendeu com ela? Liste a seguir cinco valores que você aprendeu na convivência do lar.

_____

_____

_____

_____

_____

Com um lar verdadeiro constituído, a busca em atender as necessidades, das básicas até as mais elaboradas, fica muito mais clara. Um povo forte e feliz é constituído de famílias fortes e felizes. E uma família forte e feliz é constituída de pessoas educadas e amadas.

AS BASES DE UMA SOCIEDADE

A família, enquanto instituição, tem muita importância no desenvolvimento da sociedade. Ela é o primeiro núcleo social em que vivemos, em que aprendemos questões como ética, hierarquia e convivência. A educação escolar tem como objetivo transmitir o conhecimento e não educar, dar limites ou moralidade – essas são atribuições da família.

A influência da família na sociedade não pode ser minimizada, pois muitos padrões e princípios que respondemos como certos são originários do seio familiar. É a partir de casa que se aprende a administrar conflitos, sentimentos e comportamentos que serão adotados em sociedade.

A família é considerada uma unidade básica da sociedade. As famílias são essencialmente os tijolos de construção da sociedade. As unidades familiares servem de origem para os cidadãos que se tornam a população de uma sociedade, sendo, por isso, vistas como a base na qual a sociedade é construída. Os seus valores podem se refletir na sociedade em geral.

O papel da família na sociedade é acolher, proteger e preparar seus membros para o mundo. Por meio dessa função primária da família, as crianças podem aprender habilidades sociais. Isso os ajuda a aprender a interagir e trabalhar em conjunto para a melhoria de todos, construindo uma sociedade de pessoas que trabalham para alcançar objetivos comuns.

ATENTE-SE

Isso permite que as pessoas sejam mais fortes e mais produtivas para o avanço da sociedade. A família é o ambiente onde os valores éticos e culturais são alcançados de forma natural e é onde as pessoas aprendem as habilidades fundamentais para a vida. A composição das unidades familiares da sociedade determina os valores e ações do todo.

A família desempenha e atende funções primordiais, como:

✓ Necessidades básicas: alimentação, proteção e abrigo.

✓ Pertencer e fazer parte de um grupo: na sociedade, as estruturas familiares fornecem apoio e aceitação para os membros que participam da vida familiar diária. Atender a essas necessidades é fundamental para o bem-estar mental e emocional das pessoas.

✓ Segurança financeira: os recursos financeiros obtidos pelos membros da família são utilizados para a manutenção e o sustento da unidade familiar. Mesmo quando um indivíduo ensaia os primeiros movimentos de independência financeira em relação à família, esse gesto é mais fácil, pois caso algo não saia como o planejado existe a possibilidade de apoio e retorno.

✓ Apoio mútuo familiar: os indivíduos que compõem a família formam um sistema de apoio mútuo que ajuda nos desafios e nas dificuldades da vida em sociedade.

✓ Benefícios para a saúde: o ambiente familiar proporciona melhores níveis de saúde física e mental. O fato de poder contar com refeições frugais e hábitos saudáveis de sono ajudam e muito o bem-estar do indivíduo. Ainda pode-se contar com o apoio em relação aos cuidados à saúde, para ministrar medicamentos, ter companhia em consultas médicas e toda a assistência quando necessário.

✓ Benefícios para a comunidade: pessoas que vêm de famílias estáveis e solidárias geralmente contribuem para a formação de uma comunidade mais forte.

COMO SABEMOS SE EXISTE AMOR EM UMA FAMÍLIA?

A família tem seu valor reconhecido há milênios, como podemos perceber em diversas obras antigas, a exemplo da própria Bíblia. Nela, a família é considerada o primeiro lugar de socialização de um indivíduo e formação de uma sociedade, que é o berço da vida e do amor. A família é o primeiro eixo da vida social. É a sociedade natural em que o marido e a mulher são chamados a doar-se no amor e no dom da vida. Pense na própria história de Jesus: sua família, Maria e José, foi escolhida cuidadosamente, para que estes fossem os pais e os guardiões do filho de Deus. Mais do que simplesmente fazer nascer e acolher, a verdadeira família é aquela que cuida, ama, protege e orienta.

O amor familiar nos fundamenta psicologicamente e fornece uma estrutura para relacionamentos futuros. Ele permite que criemos apegos seguros, o que nos faz sentir cuidados e protegidos. Ter ligações positivas e sentir-se cuidado por seus entes queridos leva a um melhor funcionamento social mais tarde. Uma criança com apego seguro também pode formar mais facilmente laços saudáveis com outras pessoas quando crescerem.

O amor familiar envolve mais do que simples palavras. O amor familiar se reflete em ações destinadas ao bem do outro. Os pais preparam com amor e dedicação as refeições para seu filho ou não medem esforços para trazer o dinheiro que garantirá o sustento da família. O filho busca se dedicar no aprendizado e em comportamento. Todas essas citações se referem às condições normais de convivência e interação familiar. Você pode estar se perguntando: isso não acontece o tempo todo? Não, não acontece. É o que deveria acontecer. Se não está acontecendo assim, a situação necessita de reflexão e medidas corretivas.

A palavra amor é usada de tantas formas que chega a quase a perder o verdadeiro significado. Podemos dizer que amamos sorvete ou dançar, quando o que queremos dizer é que gostamos. O amor é comumente usado para descrever sentimentos e comportamentos românticos ou sexuais.

Na condição de amor familiar, a expressão se refere a laços definidos por um grande afeto, respeito, lealdade e uma ligação saudável. A relação entre familiares e o amor, a dedicação e a entrega se diferenciam na qualidade e quantidade de qualquer relacionamento existente. No caso dos relacionamentos efetivos, elegemos a pessoa com quem pretendemos iniciar uma família.

Porém, os filhos não têm opção sobre quem faz parte de sua família. Não é possível escolher quem serão os seus irmãos, primos, tios e muito menos seus pais. Mesmo com essas restrições, o amor familiar ainda resplandece.

Geralmente, viver em um grupo familiar constitui compartilhar um ambiente vital. A vida particular é limitada devido à natureza do convívio, que é muito próximo. Há a necessidade de compartilhar bens e objetos, como móveis, talheres e eletrodomésticos. Você disputa a atenção das outras pessoas da família. E, para manter esse ambiente tranquilo, cada pessoa da família deve respeitar os direitos dos demais de acordo com o possível.

Por exemplo: um bebê é um membro da família, mas não é capaz de entender como respeitar os outros membros. À medida que a pessoa amadurece, deve compreender como suas atitudes podem afetar os demais.

Quando uma pessoa da família passa por um problema difícil, os demais também são afetados pela dor dessa pessoa. Quando um familiar fica desempregado ou passa por uma situação de enfermidade, geralmente manifesta suas emoções de alguma maneira. Sua conduta pode mudar e você pode apresentar dificuldades em lidar com a situação e com sua vida diária. As demais pessoas da família percebem os impactos direta ou indiretamente nas relações.

A maioria das famílias tem suas tradições. As tradições podem estar vinculadas com feriados, mas também podem ser relacionadas a dias específicos, conforme tradições religiosas ou culturais. Se todas as pessoas da família seguem essas tradições, todas sabem o que esperar. Porém, quando alguma coisa afeta uma tradição familiar, os integrantes da família podem ficar desapontados ou ainda amargurados.

Sabedoria nos negócios e na vida

REFLITA

Quais são as tradições da sua família? Como você se sente sobre elas?

O verdadeiro amor familiar é incondicional. Independentemente do que as outras pessoas da família possam fazer, dizer ou sentir, você continuará as amando pelo que são. Por exemplo: você pode ter um ponto de vista e visão política totalmente diferente. Você pode não concordar de forma alguma com algo que a outra pessoa da família fez. Pode até desejar sair de casa. Mesmo assim, elas ainda são sua família e serão para sempre. Você demonstra seu amor pelos seus familiares por meio do respeito, com palavras e ações. Você manifesta seu amor pela família respeitando os seus, até quando não concorda com suas escolhas.

A convivência amorosa e saudável de uma família começa pelos pais. É algo que resulta dos bons pensamentos e da devoção. A condução que a família dará à vida desse novo membro desencadeará ou não a concretização dos desejos dos pais e cuidadores. Porém, os fortes laços que unem os membros de uma família por si só não são suficientes para garantir o sucesso – é necessário viver e participar em família por toda a vida.

Um ambiente acolhedor cercado pelo amor familiar proporciona, entre outros, esses benefícios:

Família e sociedade

- ✓ autoconfiança e senso de autoestima.
- ✓ habilidade na resolução de conflitos.
- ✓ boa comunicação e interação social.
- ✓ resistência e flexibilidade a situações-problema.
- ✓ estabilidade e previsibilidade.
- ✓ visão positiva em relação à vida.
- ✓ boa saúde, graças à alimentação saudável.

Sabedoria nos negócios e na vida

✓ equilíbrio emocional e mental.

✓ receber apoio verdadeiro quando necessitar.

✓ receber amor sem interesse.

Cada pessoa em uma família deve assumir a responsabilidade pelo que faz. Os pais devem garantir que as necessidades básicas e emocionais de sua família sejam atendidas até que todos possam assumir suas responsabilidades ou se tornem adultos. Contudo, os filhos devem ter autonomia para tomar suas decisões e para serem pessoas independentes e fortes, que sejam capazes de seguir os ensinamentos dos pais mesmo sem a sua orientação direta. Idealmente, poderíamos pensar "o que minha mãe/meu pai/meus cuidadores fariam?" e, a partir disso, pautar nossas ações.

Conforme um filho cresce e desenvolve sua capacidade e aptidão, a segurança e a confiança para enfrentar os desafios da vida tornam-se mais fortes. Esse indivíduo vai desejar explorar e desafiar o mundo, em busca de sua afirmação e independência. Os pais devem entender essa necessidade para se postarem como orientadores e encorajadores do desenvolvimento de seu filho. A família é a referência que o filho carrega em sua jornada e isso acontece em muitos âmbitos. Por isso, é preciso oferecer as ferramentas de que os filhos precisam para aprender, dando apoio enquanto eles encontram sua própria identidade. É preciso permitir que eles se afastem emocionalmente, às vezes, proporcionando um espaço seguro para o qual eles possam voltar.

No filme *O menino que descobriu o vento*, vemos a história real de William Kamkwamba, um menino do país Maláui que usa seu conhecimento e criatividade para construir um moinho que irá ajudar a irrigar a plantação de sua família e ajudar sua vila a lidar com a seca. Mesmo com as diferenças entre os membros da família, cada um contribui com seu melhor empenho para produzir o bem comum. Assim como no filme, todas as pessoas dentro de uma família possuem atributos e características singulares. As condutas úteis em uma ocasião nem sempre o serão em outra. É importante que sejam feitos esforços construtivos para alcançar a maturidade familiar. O fortalecimento da família exige uma atenção sempre renovada, para a definição dos objetivos, dos papéis de cada um e dos padrões que serão adotados. Devem ser criadas oportunidades para a satisfação individual e, daí, o aumento de identificação e coesão da família. As pessoas precisam ser animadas e apoiadas nos seus papéis, devendo ser tomadas providências para a realização e a expressão das satisfações pessoais resultantes da consecução dos objetivos.

ATENTE-SE

Em uma família, ninguém é mais importante do que o outro. Cada um deve ser valorizado como a pessoa única que é. As interações familiares – como aniversários, batizados, formaturas, casamentos – são momentos célebres da vida. Quando você busca em sua memória recordações agradáveis com sua família, são esses momentos que mais aparecem. É muito importante permitir que esses momentos aconteçam, não deixando de celebrar a vida em família. Se você está o tempo todo muito ocupado, a ponto de não viver esses momentos, sua vida familiar pode não ser saudável. Dê à sua família tempo suficiente para desfrutar de um relacionamento verdadeiro e harmonioso.

O VALOR DA EDUCAÇÃO

A educação é o instrumento que fornece às pessoas conhecimentos, habilidades, técnicas, informações, que permitem conhecer os seus direitos e deveres para com a família, a sociedade e a nação. A educação expande sua visão e perspectiva para compreender o mundo. Desenvolve a capacidade de lutar contra a injustiça, violência, corrupção e muitos outros elementos que fazem mal à sociedade.

A educação permite conhecer o mundo ao nosso redor. É o elemento fundamental na evolução de um povo. Sem educação, não é possível explorar novas ideias. Significa dizer que não é possível desenvolver o

Sabedoria nos negócios e na vida

mundo, porque sem ideias não há criação e sem criação não há desenvolvimento humano.

A educação é um processo contínuo de aprendizagem, de preparação, capacitação e desenvolvimento da pessoa, que proporciona a evolução individual e coletiva de um povo. É a forma mais pura e verdadeira de enriquecimento humano.

Se você deseja ter uma vida feliz e desfrutar das coisas boas que o mundo tem a oferecer, certamente precisa estar preparado. Um ótimo trabalho e uma boa reputação social são alguns dos muitos benefícios de ser uma pessoa com uma boa formação. A educação é uma obrigação para um futuro promissor e uma vida estável.

Os efeitos da pobreza são devastadores e ela é um dos principais fatores por trás de muitos dos males da sociedade. A educação é um dos caminhos para reduzir a pobreza. O indivíduo que recebe uma educação adequada está preparado para os mais diversos cenários sociais, políticos e econômicos. Em uma situação de economia adversa, as pessoas mais bem capacitadas quase não sofrem com a redução dos empregos. Neste mesmo cenário, os que têm uma melhor instrução sabem lidar com as inconstâncias de preços e com os sistemas de cobrança de juros, de forma a garantir o melhor uso do dinheiro. A educação proporciona uma certa segurança emocional, pois o aprendizado baseia-se em experiências que são conhecidas, estudadas e melhoradas ao lidar com as várias áreas da vida.

A educação, vista enquanto uma jornada de aprendizagens, proporciona proteção à pessoa. A pessoa verdadeiramente instruída abre seu caminho na vida baseada em conhecimento e preparação; não se enevereda pelos caminhos de iniquidade e violência, pois busca relacionamentos saudáveis na vida. Também é menos suscetível a ser enganada ou se tornar vítima de violência. A educação proporciona um ciclo em que pais bem instruídos tendem a dar uma boa instrução a seus filhos. Esse ciclo garante a sequência saudável no desenvolvimento do indivíduo, produzindo uma sociedade mais igualitária e equilibrada.

Família e sociedade

Uma boa educação não significa apenas ir para a escola ou para a faculdade e obter um diploma. Significa que o processo educacional produzirá efeitos em toda a sociedade.

@josepaulogit

Uma boa educação não significa apenas ir para a escola ou para a faculdade e obter um diploma. Significa que o processo educacional produzirá efeitos em toda a sociedade. Ela gera uma transformação que se estende por toda a sociedade na medida em que forma cidadãos mais conscientes e mais preocupados com o bem-estar e com o progresso coletivo.

A educação é uma arma poderosa contra a discriminação e o desequilíbrio social, tratando-se da forma mais eficiente para melhorar o mundo. O maior bem de uma pessoa é a educação, que gera todos os demais que existem.

A comunicação também é muito importante para o desenvolvimento do indivíduo. A forma como nos expressamos e nos comunicamos está intimamente ligada com a educação. Nela, são abordadas técnicas e conceitos básicos adotados na escola até os processos mais bem elaborados aprendidos nas faculdades em estabelecer canais de comunicação.

A comunicação influencia na qualidade do relacionamento com as pessoas que atraímos para o nosso círculo profissional e de amizades, bem como a nossa maneira de transmitir um ponto de vista para o mundo. A forma como transmitimos nossos valores para as pessoas e como comunicamos uma decisão baseada neles está apoiada em uma comunicação eficiente e clara. Vale também pensar que a habilidade de se comunicar vai além do que é dito, estando ligada a nossos gestos e à linguagem corporal. Gestos comedidos e equilibrados demonstram confiança e tranquilidade. Além disso, nossas roupas devem estar adequadas ao público para o qual estamos nos dirigindo; não se trata de luxo ou de não ter um estilo próprio, mas sim de saber se adequar ao ambiente em que estamos. Uma forma equilibrada e respeitosa sempre será acertada, em se tratando de gestos e vestuário.

A educação afeta principalmente a compreensão da diferença entre certo e errado. Uma pessoa preparada está bem ciente das consequências de suas ações. Portanto, a educação é parte integrante da sociedade humana. Problemas ligados à educação dão origem a inúmeros problemas

Família e sociedade

sociais, como problemas de saúde, conflitos familiares, baixa qualidade de vida, violência entre outros. Para que o mundo seja um lugar justo, onde todos tenham oportunidades iguais, a educação é o caminho. Ela é a espinha dorsal da sociedade que sustenta e equilibra o desenvolvimento humano e é preciso garantir que todos tenham acesso a ela.

A educação está relacionada com inovação, desenvolvimento e criação. Os avanços acontecem de forma mais rápida do que nunca e nesse cenário a educação é primordial para acompanhar tais mudanças. O mundo moderno, desenvolvido e industrializado está girando sobre as rodas da educação. Para sobreviver no mundo competitivo, todos precisam da educação, como uma luz que mostra o caminho. A educação contribui muito para a definição dos padrões de convívio e desenvolvimento da sociedade.

Como seres sociais, precisamos retribuir e contribuir com a sociedade para fazer as transformações que ela necessita. Um conjunto de pessoas valorosas constrói uma sociedade potencialmente melhor. Um nível educacional melhor capacita o indivíduo a pensar além de seus interesses pessoais e lhe confere a capacidade de retribuir à sociedade. Sem educação, o mundo não consegue se tornar um lugar melhor. É por isso que a educação é a base que transforma o mundo.

A educação é a espinha dorsal da sociedade, que sustenta e equilibra o desenvolvimento humano e é preciso garantir que todos tenham acesso a ela.

@josepaulogit

7. METAS E CONSTÂNCIAS

Quando pensamos em planejamento, a visão estratégica é fundamental para que possamos ter bons processos e resultados. Existem muitas metodologias aplicáveis, mas gostaria de começar a nossa reflexão com as metáforas de Morgan. Você já ouviu falar delas? Criadas pelo administrador Gareth Morgan, na década de 1990, elas se tornaram conhecidas por apresentarem uma possibilidade de sistematização e categorização lúdica para o funcionamento e planejamento das empresas. Para isso, o autor cria oito metáforas: máquina, organismo vivo, cérebro, cultura, sistema político, prisão psíquica, sistema de fluxo e transformação e instrumento de dominação. Veremos brevemente o que cada uma quer dizer:

- ✓ máquina – visão sistêmica em que cada parte de uma empresa funciona em colaboração e dependência da outra.

- ✓ organismo vivo – como os seres, esse tipo de empresa nasce, cresce, se desenvolve e morre.

- ✓ cérebro – centro de inteligência e distribuição única de conhecimento.

- ✓ cultura – tem suas atividades norteadas por valores e ideais.

- ✓ sistema político – administração baseada em estruturas e esquemas de poder.

- ✓ prisão psíquica – de modo explícito ou não, esse tipo de empresa estimula o esquecimento das vidas pessoais em prol do profissional.

- ✓ sistema de fluxo e transformação – foca o potencial interno e autossuficiente da empresa.

- ✓ instrumento de dominação – modelo em que o medo e a insegurança são elementos de controle da produção e das ações.

Perceba que, de modo claro ou não, as empresas tendem a se encaixar nessas metáforas. O planejamento converge para esses modelos e, por isso, é importante pensar em como ele está alinhado com seus valores e objetivos.

EXERCÍCIO

Pense na empresa em que você trabalha ou em um empreendimento que você tem ou gostaria de ter. Em qual metáfora mais se encaixa? Está de acordo com seus objetivos? Explique.

O planejamento é uma atividade diária comum. Os resultados do planejamento, ou a falta dele, podem ser vistos à sua volta. Ele é a base de uma boa gestão, que começa com o estabelecimento ou com uma boa compreensão das metas a serem atingidas. Cada pessoa envolvida no plano deve conhecer os objetivos e metas estabelecidas. Para esse propósito, é importante expressar os planos em termos de resultados a obter, além de oferecer feedbacks assertivos sobre o andamento das ações de cada pessoa.

Particularmente, meus planejamentos sempre envolvem uma visão geral sobre o assunto e, em seguida, o desenho de algumas metas para guiar minhas ações. Elas são fundamentais para que eu consiga entender quais são os elementos necessários para a realização de uma tarefa.

As metas possuem vários propósitos. Elas são vitais no processo de planejamento, auxiliam a descentralização, proveem base para uma coordenação voluntária, transformando-se em foco para a motivação individual. São elementos essenciais no processo de controle.

Metas e constâncias

O estabelecimento de prazos para as atividades é um elemento essencial ao planejamento e ao cumprimento das metas. Uma maneira de incorporar o "quando" a um plano é fixar uma data limite, ou várias, quando certos acontecimentos devem ser concluídos. Um planejamento detalhado pode incluir uma série completa de datas-limite. Não se trata de ter um microgerenciamento das tarefas necessárias para cumprir a meta estipulada, mas sim de entender a relação entre elas, de tal maneira que as etapas preliminares sejam concluídas antes da data inicial das etapas subsequentes, mantendo o fluxo adequado. Estabelecer metas facilita o desencadeamento de novos procedimentos, ajuda na gestão e no controle das atividades e a manter-se no rumo dos objetivos.

Para gerenciar seu próprio planejamento, você pode estabelecer uma variedade de padrões que expressam os resultados previstos para os planos mais detalhados. Quando você decide usar qualquer tipo de meta, datas-limite ou padrões de execução, você se depara com a questão do quanto otimista deverá ser. Deve decidir se vai fixar metas arrojadas ou apenas aquilo que está seguro de que vai conseguir. Se fixar metas arrojadas demais, cedo ou tarde elas podem ser abandonadas.

Busque hierarquizar as prioridades e identificar as metas que são pré-requisitos em relação a outras para definir a ordem e os prazos. Para estabelecer um controle equilibrado nas principais áreas de sua vida, defina metas para as seguintes categorias, ou outras que definir como mais importantes. A seguir, cito como exemplo algumas das áreas em que costumo traçar as minhas metas e as perguntas que costumo me fazer para criá-las.

- ✓ Família: ser um bom pai ou uma boa mãe também é uma virtude, e é preciso estar ciente da responsabilidade que é ter um filho.

- ✓ Carreira: as habilidades de relacionamento estão mais valorizadas do que a própria técnica. As empresas preferem profissionais capazes de se relacionar positivamente com outros setores da empresa e, assim, viabilizar os processos internos.

Sabedoria nos negócios e na vida

✓ Financeiro: você já parou para pensar em quanto tempo precisamos trabalhar para comprar um carro? Ou uma casa? Precisamos calcular tudo cuidadosamente para não cair em armadilhas.

✓ Educação: quais conhecimentos precisamos ou desejamos adquirir? Quais habilidades e informações precisamos para alcançar outros objetivos?

✓ Comportamento: nem sempre estamos preparados para lidar com todas as diferenças. Precisamos identificar as habilidades necessárias para que possamos agir da maneira mais apropriada possível em diferentes situações.

✓ Físico: manter nosso corpo saudável é fundamental para dar conta de tudo o que precisamos fazer. Por isso, é importante aprender um esporte, nos dedicarmos a uma atividade de condicionamento, adequarmos nosso corpo a medidas mais saudáveis, buscando equilíbrio para uma melhor qualidade de vida.

✓ Lazer: incorporar o lazer como uma área importante da vida. Quais são as atividades que correspondem a seu perfil e de sua família? Culturais, artísticas, recreativas etc.

Existem vantagens em expressar um planejamento em forma de metas, pois isso facilita o planejamento proposital integrado à formulação e à conclusão de metas. As metas servem de farol para orientação do planejamento subsequente. Dessa maneira, quando o plano parte de um objetivo geral para um específico, a meta principal fornece a missão a que se subordinam as metas subsequentes.

O planejamento também ajuda a evitar trabalho dispersivo e improdutivo. A ênfase dada aos objetivos, missões e padrões ajuda a concentrar sua atenção no alvo. Nesse sentido, as metas representam condições para controle e acompanhamento, de forma a assegurar que os resultados correspondam aos planos.

Uma dica importante é utilizar um diário com a lista de coisas que devemos fazer hoje para trabalhar em direção aos nossos objetivos de vida. Ao decidir sobre qual será o primeiro conjunto de metas, é preciso seguir o processo, revisando e atualizando sua lista de tarefas periodicamente.

As seguintes orientações gerais o ajudarão a estabelecer metas eficazes e atingíveis:

- ✓ defina cada meta como uma alegação positiva – demonstre suas metas positivamente. "Execute bem esta técnica" é uma maneira muito melhor de chamar a atenção do que uma forma negativa – "Não cometa esse erro".

- ✓ seja preciso – defina metas claras, atribuindo datas, horários e valores para que possa medir as conquistas. Se fizer dessa forma, o controle e o acompanhamento serão mais precisos e o alcance às metas ficará assegurado.

- ✓ defina prioridades – quando você tiver vários objetivos, sinalize a prioridade de cada um. Dessa maneira, é possível evitar a sensação de pressão por ter muitos objetivos e é bom para direcionar sua atenção para os mais importantes.

- ✓ registre seus objetivos – isso os formaliza e passa mais credibilidade.

- ✓ inclua metas operacionais pequenas – conserve as metas de menor nível para as quais está trabalhando, pequenas e atingíveis. Se uma meta for muito grande, pode dar a impressão de que você não está progredindo em direção a ela. Conservar as metas pequenas proporciona um estímulo melhor na consecução do planejamento, pois o cumprimento de cada etapa fica mais realista.

- ✓ defina metas por desempenho – não por resultado, você precisa agir com cuidado para estabelecer metas, pois se forem muito arrojadas e de difícil atingimento podem gerar insatisfação e desistência. Metas devem ser atingíveis e realistas.

Quando você tiver alcançado uma meta, reserve um tempo para desfrutar a conquista e para rever a densidade e o nível de dificuldade dela. Às vezes, estipulamos metas muito fracas e isso pode fazer com que o resultado demore muito ou fique muito aquém em qualidade. Nesse caso, é preciso ajustá-la. Agora, se a meta for significativa, recompense-se de forma adequada. Essa atitude é importante na construção da autoconfiança.

REFLITA

Você costuma celebrar suas realizações, mesmo quando são etapas intermediárias de um plano maior?

Com a experiência de ter alcançado essa meta, analise o restante de seus planos de metas:

- se você alcançou a meta com muita facilidade, torne sua próxima meta mais difícil.

- se a meta levou muito tempo para ser alcançada, torne a próxima meta um pouco mais fácil.

- se alguma situação trouxe novas experiências e entendimento que possa levar a uma melhoria de seu processo e a mudar o nível de metas, aplique.

- se sentiu muita dificuldade em cumprir as metas, reveja se suas habilidades são adequadas ao propósito e aos desafios que destinou a si mesmo.

Fixar metas realistas parciais é uma boa pedida para sistematizar outras mais duradouras. Uma maneira prática para reconciliar objetivos realísticos ou otimistas com a rotina da vida é decidir quanto progresso deve ser obtido em um mês ou em um ano. Isto permite reter a inspiração e o entusiasmo da grande ideia ao mesmo tempo que se trabalha com as metas.

Por fim, reveja seu planejamento e certifique-se de que ele se encaixa na maneira como deseja viver. Ao fazer isso, confira se as metas que definiu são aquelas que realmente está seguindo.

Metas e constâncias

Existem cinco princípios de definição de metas que podem ajudar a aumentar suas chances de sucesso.

✓ Clareza: a clareza é importante quando se trata de metas. Ao serem estabelecidas metas claras e específicas, elimina-se a dúvida que ocorre quando uma meta é definida de forma mais genérica.

✓ Desafio: metas desafiadoras ampliam sua capacidade de refletir e fazem você pensar maior. Cada vitória conquistada ajuda a construir uma personalidade vencedora.

✓ Compromisso: o compromisso também é importante. Se você não se comprometer com seu objetivo com tudo o que tem, é menos provável que o alcance.

✓ Feedback: o feedback ajuda você a saber o que está fazendo certo e de que forma. Isso permite que você ajuste suas expectativas e seu plano de ação no futuro.

✓ Complexidade: a complexidade da tarefa é o fator final. É importante definir metas que estejam alinhadas com a complexidade da meta.

EXERCÍCIO

Com base nesses cinco princípios, crie uma lista pequena de metas para realizar neste mês.

	Clareza	Desafio	Compromisso	Feedback	Complexidade
Meta 1:					
Meta 2:					
Meta 3:					

As metas devem convergir para um fim único, alinhado ao seu objetivo.

Cumpra princípios e viva as suas promessas, inclusive as que fez para a sua família ou para Deus. O passado tem que deixar cicatrizes, não feridas. A cicatriz é um sinal de que você venceu, que lutou o bom combate e que prosperou; a ferida fica aberta e incomoda.

EVITE VIVER NO PILOTO AUTOMÁTICO

Muitas vezes, dizemos que estamos vivendo no piloto automático, como se outra pessoa estivesse guiando nossa vida. Basicamente, nosso cérebro desenvolve um sistema de tomada de decisão inconsciente para que possamos operar funções rotineiras de forma automática. Por incrível que pareça, esse módulo automático aparece nos momentos que mais precisamos ter atenção. Quando isso acontece, os resultados não são percebidos ou assimilados. Por exemplo: quantas vezes você se pegou, após uma viagem de carro, chegando no destino sem se lembrar exatamente do trajeto que fez? Por onde passou, a paisagem, as pessoas no caminho e outros detalhes? É assustador, não é mesmo?

Esse tipo de exemplo permite identificar o quanto a sua vida está no piloto automático: um dia de agenda cheia de atividades repetitivas, em que você segue seu plano sem pensar, pode ser um caso. Não há espaço para improvisação ou mudanças de última hora e isso faz as expectativas das outras pessoas definirem suas escolhas. Você está ocupado, distraído ou ambos. Não consegue se lembrar do que fez ao longo do dia. Você se sente culpado, como se não tivesse realizado muito. Você sabe que pode ter um resultado melhor, mais alegria, mas não consegue parar de perambular por aí.

REFLITA

Você viveu alguma situação parecida com essa em sua vida recentemente? Tente descrevê-la e entender o que levou a isso.

Viver no piloto automático sugere que você é propenso a permanecer no modo de pensamento mais confortável. As pessoas fazem uso basicamente de dois sistemas de pensamento:

- ✓ o primeiro sistema é uma maneira rápida, automática e inconsciente de pensar e agir – é o piloto automático. Esse modelo é autônomo e eficiente, embora também enganoso. Tem uma tendência a erros repetitivos.

- ✓ o segundo sistema é lento, consciente e trabalhoso; demanda atenção e energia. É mais confiável e pode eliminar o entendimento errôneo do primeiro sistema.

Não significa que um sistema é melhor que o outro, o caminho está em usar os dois de maneira equilibrada. O cérebro tem uma tendência a buscar o que é mais fácil – de maneira geral, parte para as soluções de pensamento do primeiro sistema. É necessário estar atento e treinar sua mente para evitar viver no piloto automático.

O primeiro sistema é muito bom para decisões rápidas, com base em poucas informações. Quando você está dirigindo seu carro ou passando aspirador, não precisa pensar demais para isso. Porém, você não deve usar esse sistema para fazer escolhas significativas para sua vida, como que apartamento comprar, com quem se casar ou como planejar sua carreira profissional.

O segundo sistema é muito bom para lidar com atividades mentais mais complexas, como construção de novos hábitos, raciocínio lógico, manutenção de relacionamentos. Decisões importantes requerem pensa-

Sabedoria nos negócios e na vida

mentos mais elaborados, processos como análise e discernimento. Nesse caso, o segundo sistema é o ideal. Agir intencionalmente é vital para pensar sobre uma situação-problema ou para analisar e decidir sobre dilemas importantes da sua vida.

Quando a vida está no piloto automático, parece aquela história popular que diz que um homem vê o vizinho passando por ele montado em um cavalo que cavalga muito rápido, e pensa: deve estar indo a um lugar muito importante. Então, grita para o vizinho: "Aonde está indo?". E ele lhe responde: "Não sei. Pergunte ao cavalo!". Assim parece a vida para muitos – como um cavalo que não se pode controlar e não se sabe para onde ele está indo ou por quê. Está apenas correndo de um lado para o outro, repetindo todos os dias a mesma jornada, as mesmas ações e esperando que o cavalo da vida o leve para um lugar melhor.

O ser humano desenvolveu um sistema de tomada de decisão inconsciente para gerenciar rotinas e não sobrecarregar o cérebro. Entretanto, a vida moderna mudou muito em nossas vidas, o que faz com que o sistema que deveria nos proteger crie na verdade um desligamento social.

A maioria das pessoas admite tomar suas decisões no piloto automático. Essas pessoas reconhecem que as escolhas que estão fazendo não contribuem para melhorar ou mudar de vida, pois consistem em repetições. A maior parte da vida é desperdiçada fazendo coisas sem pensar. Ficamos no piloto automático, em casa, assistindo séries, interagindo na internet, por exemplo, e nos esquecemos de interagir com os próprios familiares. É necessário nos reconectarmos com os propósitos de nossa vida, com o presente, viver o agora, decidir e pensar.

FOCAR O DEFINITIVO

Desde os primórdios da humanidade, as pessoas questionam-se sobre seus propósitos na vida e como colocá-los em prática. Muitas vezes, sabemos o que queremos e o que precisamos melhorar, mas não sabemos

Metas e constâncias

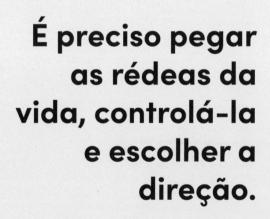

É preciso pegar as rédeas da vida, controlá-la e escolher a direção.

@josepaulogit

Sabedoria nos negócios e na vida

por onde começar. Mesmo que você tenha uma imagem clara do emprego dos seus sonhos ou da sua vida perfeita, alcançar essa visão exige um trabalho disciplinado, um aprendizado rigoroso e um estabelecimento eficaz de metas de curto e longo prazo.

Quando vivemos dessa forma, é boa a sensação de ir para a cama à noite sabendo que aproveitamos ao máximo o nosso tempo naquele dia, ou que aprendemos algo novo que nos ajudará amanhã. Esta é a sensação de construir e desenvolver nossa capacidade intelectual. A capacidade intelectual está relacionada em como pensamos, aprendemos, planejamos e executamos nossos planos, com disciplina. É o sistema operacional que impulsiona cada um de nós para a frente; esse é o combustível mental que nos ajuda a alcançar nossos objetivos.

Quando você observa uma pessoa brilhante, que está constantemente atingindo suas metas e conquistando resultados, é comum o despertar do desejo de fazer o mesmo com sua própria vida. Então, o primeiro passo que devemos dar é o de desenvolver nossa capacidade intelectual, para termos mais habilidades e para sermos produtivos.

Um erro comum em trajetórias de desenvolvimento pessoal é aceitar as capacidades intelectuais como fixas. Assim como podemos aumentar nossa força física e resistência, também podemos melhorar nosso aprendizado, nossa tomada de decisão, nosso planejamento e execução, por meio da prática.

REFLITA

Você possui características negativas que considera imutáveis? Pense sobre elas e busque exemplos e mecanismos que possam ajudar você a desenvolver habilidades mais positivas.

Metas e constâncias

O desenvolvimento intelectual é uma condição para o crescimento pessoal e profissional. Com esses atributos do intelecto, podemos definir com mais clareza os nossos objetivos e organizá-los de maneira planificada e controlada. Em seguida, podemos dividi-los em objetivos de curto prazo, ficando menos complicado. Também se faz necessário incutir hábitos produtivos em nossa vida, como ler as histórias inspiradoras de pessoas que obtiveram um alto desempenho, mentores. Isso proporciona a motivação e o exemplo para melhorar sua performance e superar as etapas necessárias.

Uma sugestão valiosa para organizar as tarefas e os trabalhos do seu dia a dia é estudar o princípio urgente/importante do Presidente Dwight Eisenhower. Ele fez a seguinte citação: "Eu tenho dois tipos de problema: o urgente e o importante. O urgente não é importante, e o importante nunca é urgente". Esse princípio é útil para se concentrar em tarefas de longo prazo que são importantes, em vez de ficar atolado em tarefas urgentes que não são tão importantes e que tomam espaço em sua agenda.

Esse método consiste em avaliar e identificar suas tarefas de acordo com a importância e a urgência e dividi-las em quatro grupos.

✓ Primeiro grupo ou quadrante: registre as tarefas classificadas como "urgente e importante", que são as tarefas que devem ser concluídas e resolvidas de imediato, o mais rápido possível.

✓ Segundo grupo ou quadrante: registre as tarefas "importantes, mas não urgentes", aquelas que podem ser agendadas para mais tarde. Geralmente são tarefas e metas de longo prazo, as quais são importantes, mas ainda há tempo para resolvê-las.

✓ Terceiro grupo ou quadrante: anote aqui as tarefas "urgentes, mas não importantes". Elas devem ser feitas rapidamente, mas não necessitam necessariamente de sua atenção – precisam de resolução, mas você pode delega-las a outra pessoa.

	Urgente	Não Urgente
Importante	- Priorize - Alta Prioridade Faça agora	- Agende - Defina datas
Não Importante	- Delegue - Faça depois ou delegue	- Elimine - Posso descartar - Sem valor produtivo

✓ Quarto grupo ou quadrante: aqui, coloque as tarefas não são "urgentes e nem importantes". São as tarefas que podem ser eliminadas, são uma distração e precisam ser evitadas. Muitas vezes você pode cancelar ou ignorar essas tarefas.

Você pode descobrir o valor de uma rotina matinal com a obra do autor de *Miracle Morning Hal Elrod*, que usou sua rotina diária para salvar sua vida e mudar sua carreira, e agora compartilha essa rotina com outras pessoas. Para ele, uma boa forma de começar o dia é aplicar os seis passos que precisamos para iniciá-lo. O autor acredita que a forma que seu dia vai transcorrer diz muito respeito à forma que começou.

De forma resumida, veja as etapas sugeridas:

Etapas	O que fazer	Tempo
Primeiro passo	Silêncio. Permaneça em silêncio durante os cinco primeiros minutos após acordar. Isso gera equilíbrio e reduz tensões e ansiedade.	5'
Segunda passo	Afirmação. Consiste na repetição de frases que fazem que se sinta melhor em relação a si mesmo, podendo ser letras de músicas ou poesias.	2' – 5'

Etapas	O que fazer	Tempo
Terceiro passo	Visualização. Esse momento também leva cinco minutos. Você precisa visualizar seus objetivos como atingidos com êxito, saboreá-los.	5'
Quarto passo	Exercício. Nesse momento, você precisa de pelo menos vinte minutos de dedicação. Escolha algum tipo de atividade física que goste de praticar. É importante para ativar seu corpo e enchê-lo de energia.	20' +
Quinto passo	Leitura. Essa etapa também necessita de vinte minutos. É dedicada à leitura de algo que você goste e lhe desperte interesse. Exercitar e despertar a mente.	20' +
Sexto passo	Escrita. Aqui, você dedica os vinte minutos finais desta rotina a escrever e expressar ideias que vêm à sua mente, exercitando o pensamento.	20' +

Quando pensamos em motivação, um bom exemplo é o do fundador do Waze, Uri Levine, que passou por um longo período de inconstâncias profissionais para transformar a startup em um aplicativo mundialmente famoso. O Waze é um aplicativo de tecnologia baseado na navegação pelo sistema de posicionamento global, GPS, sigla em inglês, que fornece detalhes sobre localização e rotas de navegação. Seus criadores colocaram em prática suas ideias e obtiveram êxitos na construção de suas capacidades intelectuais.

É preciso entender que construir uma capacidade intelectual tem menos a ver com suas aptidões pessoais e mais com atitudes e disposição. As pessoas de sucesso que são fonte de inspiração para você também já foram aprendizes ao longo da vida. São pessoas que proativamente reservam um tempo para ler, ouvir e conversar com pessoas interessantes e motivadas. Não estão preocupadas com coisas que estão além de seu controle, mas sim, se concentram em construir o conhecimento e as habilidades de que precisam para se destacar.

Manter essa mentalidade é mais difícil hoje. Estamos cercados pela negatividade das notícias diárias e a distorção que as mídias sociais trazem ao exibir apenas sucessos simulados que não refletem a realidade. Isso dá um falso sinal de comparação, fazendo com que as pessoas sintam que tudo é fácil para os outros e difícil para elas. Quando não conseguem melhorar suas vidas em um curto período, as pessoas sofrem um revés, ficam desanimadas e desmotivadas.

Desenvolver a capacidade intelectual significa ficar um pouco melhor a cada dia, em uma sequência de conquistas diárias que aumentam com o passar do tempo. É necessário entusiasmo para crescer e se desenvolver. O entusiasmo é um dos ingredientes principais para desenvolvermos a maioria das virtudes – não só as intrapessoais como também as interpessoais. Para isso, o segredo é se envolver com histórias que o inspirem a continuar fazendo progresso a cada dia e confiar nas melhorias consistentes.

Observe que os ensinamentos de Jesus se davam por histórias, que eram contadas por Ele com o intuito de ensinar as pessoas pelo exemplo. As parábolas são de uma riqueza sem precedente pela forma singela e eficiente que se comunica com todos. Ao se envolver com histórias, tanto para aprender quanto para ensinar, sua mentalidade mudará, ficará mais aguçada.

Neste mundo em que vivemos, onde tantas coisas parecem mudar minuto a minuto e tantas outras parecem fora de nosso controle, uma coisa permanece sob nosso controle imediato: retomar o controle e a responsabilidade de nós mesmos. Quando fazemos isso, podemos ser mais eficazes em nossa resposta à mudança de uma forma que nos impulsiona para frente e para cima na espiral evolutiva, tanto pessoal quanto socialmente.

Se a vida o afastou de você mesmo, e as exigências sobre você o estão fazendo sentir-se:

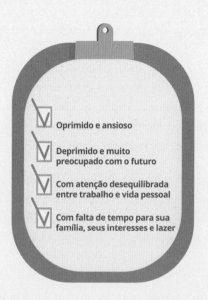

... é hora de parar e focar o que é mais importante para você e encontrar um caminho de volta para tudo o que realmente importa. O plano é refletir sobre o que você está realmente fazendo para si mesmo todos os dias, determinar o quanto isso é essencial para você e fazer as mudanças necessárias que melhor atendam às suas necessidades, interesses e objetivos.

TENHA MAIS DE UM PLANO

É claro que as questões práticas da vida, como carreira e finanças, devem ser cuidadosamente consideradas para permitir uma visão equilibrada. Por exemplo, precisamos entender se é prático e viável reduzir horas de trabalho, trabalhar mais perto de casa ou mesmo de casa, ou se a decisão efetiva seria mudar de profissão. Com isso, é possível dividir o tempo de trabalho com outras oportunidades, não apenas por salário, mas também para trabalhar com atividades que nos dão prazer e fazem bem. É possível colocar nossos interesses e paixões para trabalhar para nós. Tudo isso diz respeito a um plano de vida.

O plano de vida é um mapa que você faz dos caminhos que necessita percorrer para atingir seus objetivos ou sonhos. Ele é importante e deve ser considerado com o máximo de seriedade para que seja cumprido, mas é sempre bom ter mais de um. As necessidades mudam, os locais, as prioridades e até mesmo seu interesse. Um plano pode deixar de fazer sentido em determinado momento ou sua aplicação se tornar inviável – por isso a necessidade de mais de um plano.

Os caminhos que percorremos pela vida são cheios de surpresas e nunca é demais ter um plano B, caso as coisas não saiam como planejado. A quem diga ter um plano B e um plano C, caso a própria alternativa precise ser substituída.

EXERCÍCIO

Que tal pensar nos seus próprios planos de vida? Escreva, de forma sucinta, o plano que você gostaria de realizar no próximo ano.

_____

_____

_____

Agora, pense em um plano B para realizar caso não o A não se mostre viável.

_____

_____

Independentemente da quantidade, precisamos entender que planos são fundamentais para obtenção de resultados. Se determinado plano começa a apresentar sinais de que não dará certo, é necessário ajustá-lo ou substituí-lo o quanto antes.

Em uma empresa, por exemplo, são aplicados os protocolos de sequência. Quando um plano começa a apresentar resultados diferentes do esperado, existe um conjunto de protocolos que devem ser seguidos para colocar o plano no caminho certo novamente ou substituí-lo. O mesmo deve ser adotado para todas as áreas da vida. Não espere o barco afundar para fazer ajustes ou mudar de rumo, tenha os planos de contenção, ajuste, correção e substituição.

Pensando no exercício anterior, ao criar seu plano A, provavelmente você reservou um tempo para avaliar todas as possibilidades e rotas potenciais que poderia seguir. Enquanto você faz isso, classifique seus favoritos e os dois primeiros podem atuar como seus planos A e B. Como você já está avaliando a situação, pode dar um passo adiante após determinar sua opção favorita e determinar sua segunda preferida. Quando estiver embutido no processo, é mais provável que você pense em tudo porque já tem os estágios iniciais de planejamento em sua mente.

ATENTE-SE

Você já olhou para uma tarefa com um prazo cada vez mais apertado e perguntou se realmente seria capaz de terminar? É assim que você pode se sentir às vezes quando seu plano dá errado. Algumas pessoas são boas em tirar planos da cartola, mas, para a maioria, isso exige uma avaliação cuidadosa, e isso leva tempo. A melhor planificação depende, em parte, de escolher as melhores formas ou tipos de planos para os objetivos específicos. Existem vários tipos que devem fazer parte das experiências das pessoas. Você deve conhecer a natureza, as vantagens e as limitações de cada tipo de plano, para poder planificar seu projeto com aptidão e flexibilidade.

Para poder ter mais de um plano para as diferentes áreas da vida, é necessário entender o que são e como funcionam. Os planos dividem-se em dois grandes grupos: os específicos e os permanentes.

Os planos específicos abrangem os programas e projetos para cada área da vida. Por exemplo: você elabora um plano de carreira, um plano

Sabedoria nos negócios e na vida

para aquisição de sua casa, um plano para educação de seus filhos e assim por diante.

O plano permanente é constante; diz respeito à sua visão de vida. É aquele que define a estratégia e determina o rumo de sua vida.

Quando você elabora um plano permanente, os planos específicos formam uma corrente que dá toda a sustentação ao plano permanente. Os planos específicos devem estar em concordância com seu plano permanente.

Nada se compara à confiança que obtemos quando nos preparamos para alguma coisa. Quando temos um plano em mente, precisamos persegui-los, mas também compreender que, ao longo do processo, é possível que o resultado não seja o esperado, ou que detalhes tenham sido negligenciados em seu plano. É natural que o plano sofra ajustes e necessite às vezes ser modificado durante a execução.

Ao elaborar um plano realista, nos surpreendemos com o quão realizáveis nossos sonhos realmente podem ser. Fica mais simples identificar e se concentrar em prioridades. Um plano estabelece propósito e elimina a sensação de apenas existir, criando a ideia de que estamos vivendo e o fazendo com propósito.

EXERCÍCIO

Vamos tentar colocar isso no papel?

Em primeiro lugar, defina o que você valoriza e quer para a sua vida e estabeleça um plano para seus objetivos e sonhos. A ideia deve ser a de realizar uma lista de prioridades. Escolha cinco delas como ponto de partida (atenção: antes de responder, leia as dicas).

Para fazer isso com cautela, seguem algumas dicas:

decida quais compromissos são mais importantes para você.

avalie quais compromissos estão de acordo com as cinco coisas que você mais valoriza em sua vida, cumprindo os essenciais e renegociando-os se necessário.

avalie a maneira como você usa seu tempo, sua rotina diária e tarefas fixas. Avalie quais coisas são absolutamente necessárias e importantes para as cinco áreas que você identificou como as de maior valor para sua vida.

perceba quanto tempo você gasta se comunicando. Avalie a quantidade de tempo gasto online, enviando e-mail, mensagens de texto e no telefone celular. Como você pode reduzir a quantidade de tempo que gasta fazendo essas atividades?

avalie quanto tempo você gasta diariamente assistindo televisão, ouvindo rádio, na internet, lendo jornais e revistas. O que você faria com todo o tempo que teria disponível se muitas dessas atividades fossem radicalmente reduzidas ou eliminadas?

livre-se da desordem em todas as áreas de sua vida. Você realmente precisa de tudo que tem. Dê algo que você não tenha usado nos últimos dois anos. Certamente, outra pessoa pode usar o que você não precisa mais. Você pode até vender itens, móveis, roupas etc. que não precisa mais.

passar mais tempo com as pessoas que são importantes para você é um excelente plano. Faça uma reflexão sobre os melhores momentos de sua vida; você vai constatar que foram aqueles que estava com as pessoas de que mais gosta. Não existe vitória ou alegria sem as pessoas que amamos presentes.

Quando fazemos avaliações sobre diversos campos de nossa vida, refletimos também sobre nossos sentimentos e vontades. Essa também é uma oportunidade para verificar se estamos sendo incoerentes ou nos afastando de nossos objetivos e valores. A boa notícia é que é possível corrigir a rota e nos tornarmos cada vez mais assertivos.

Como você deve ter percebido, os principais planos da vida envolvem e comprometem o que há de maior valor – a vida das pessoas. A forma como age com a vida é a forma que ela retorna para você. O plano principal é viver. Viver é um processo diário que necessita de método para transformar ideias em ações. Todas as ações são destinadas a produzir bens e serviços que atendam às necessidades e desejos das pessoas. Então as pessoas são o objetivo principal de um plano de vida.

8. RESULTADOS NA VIDA E NOS NEGÓCIOS

Viver com sabedoria, tomar decisões, manter-se firme em sua visão de vida e de caráter, conectando-se à família e amigos para seguir em seus objetivos e metas são modos de viver a vida de maneira adequada e coerente, o que costuma se refletir em resultados práticos. Os resultados na vida e nos negócios são apenas uma questão de tempo, pois são as consequências finais de uma sucessão de ações ou ocorrências apresentadas de forma qualitativa ou quantitativa. Caso você não faça nada para contribuir com os resultados, eles serão a expressão de seu descaso.

Classificamos e priorizamos nossas necessidades e desejos de acordo com nossas vivências e, por isso, essa lógica é diferente da de outras pessoas. Por isso, os níveis de satisfação e de resultados são diferentes, uma vez que estão ancorados naquilo que atende o que cada um quer e busca.

Independentemente dos resultados que cada um definiu para a sua vida, o importante é entender o que eles dizem a respeito de seus valores e objetivos. Um resultado para a vida é importante porque é composto pela soma de todos os demais resultados – de sua vida familiar, sobre sua saúde, sua educação, seu trabalho e assim por diante.

Precisamos ponderar nossas ações para os resultados de vida que buscamos. Não podemos esperar que as coisas venham sem batalhas e desafios. Você já parou para pensar nisso?

O resultado para a sua vida ou para qualquer área dela é diretamente proporcional às suas ações. Se decidir agir, o resultado será melhor na mesma proporção da qualidade das ações. É claro que existem variáveis, mas o esforço é fundamental. Para um resultado melhor, agir apenas não é o suficiente – é necessário saber como agir. Se o resultado depende de ações e da qualidade delas, é conclusivo que quanto mais bem preparado você estiver melhores serão seus resultados.

Como já vimos, a ação diz respeito ao que se faz agora. Precisamos considerar o tempo, fazer bons planos, ter organização e utilizar a sabedoria em todos esses momentos. O tempo é um recurso democrático, todos o têm na mesma quantidade, o que muda é a forma que cada um lida com ele. Trabalhe com o tempo.

A boa gestão do tempo é provavelmente um dos fatores mais importantes na consecução de um plano. Toda ação se dá dentro de um limite de tempo e o plano precisa se encaixar nele. Compreender a dimensão e o uso do tempo faz toda a diferença para se atingir as metas. No momento em que se deixa de lutar contra o tempo, o domínio que ele tem sobre nós diminui.

Em vez de usar seu tempo pensando em problemas, direcione sua mente na busca de resultados. As pessoas que conquistam resultados criam oportunidades. As pessoas que deixam as oportunidades passarem focam e criam dificuldades. Bons resultados exigem grande convicção e energia para serem obtidos.

Vimos que a execução de um planejamento pode dividir o objetivo final em metas periódicas. O mesmo se aplica aos resultados – o resultado geral buscado para a sua vida ou para determinada área dela deve ser dividido em etapas durante o período. Dessa forma, é possível acompanhar e gerenciar a evolução do processo na busca pelo resultado.

De maneira geral, planejar é decidir antecipadamente o que deve ser feito, ou seja, é uma linha de ação preestabelecida. Sob este ponto de vista, o planejamento é um comportamento humano bastante difundido: o empresário planeja um novo negócio, o gerente comercial planeja uma campanha de vendas, o advogado planeja sua petição, o assistente social planeja o auxílio a um cidadão, os pais planejam a refeição do filho e o carpinteiro planeja o conserto do telhado.

Todos os planos levam a um resultado, que está relacionado à correta aplicação do planejamento e à habilidade de quem executa o plano. O resultado do conserto do telhado será melhor na proporção da habilidade do carpinteiro, por exemplo.

Por isso, precisamos refletir com honestidade: estamos realmente nos planejando da melhor forma?

Podemos segmentar nossos planos e resultados, mas é preciso ter coerência na forma como os colocamos em prática. O caminho que leva ao resultado desejado é o mesmo para a vida pessoal, profissional ou para o mundo dos negócios. Não podemos abrir mão de nossa honestidade no trabalho, mesmo que a mantenhamos em casa, por exemplo. O que determina um resultado melhor envolve justamente a qualidade do planejamento, o conhecimento e a habilidade de quem executa o plano.

O bom planejamento começa com o estabelecimento dos resultados a serem alcançados – ou, pelo menos, com uma compreensão nítida. Você deve conhecer os objetivos para cada área de sua vida.

Para esse propósito, é conveniente expressar os planos em termos de resultados a obter. É possível que você considere que, na área profissional, você precise ser mais competitivo e queira ocupar um cargo gerencial nos próximos anos. Na área familiar, pode desejar melhorar e ampliar a casa da família. Essas necessidades segmentadas precisam de um plano para que aconteçam, que pode ser elaborado com vistas a determinado resultado.

Já vimos que as metas apoiam a conquista de resultados. Elas podem ser consideradas como os termos necessários para a obtenção do resultado esperado.

A proposta aqui é tratar em nível de qualidade o uso de planejamento e de metas para obtenção de resultados. No entanto, o plano que você faz para a sua vida diz muito a respeito da visão que possui em relação a ela. A visão de vida pode até ser relativamente próxima para grupos de pessoas que vivam sob circunstâncias parecidas, como região, crenças e valores, padrão social e financeiro, mas nenhuma visão é exatamente igual. Por isso, os resultados desejados para a vida não são exatamente iguais e se faz necessário que você estabeleça seu plano para a vida de acordo com sua visão.

LEI DA REALIDADE

A percepção não é a realidade. Cada pessoa percebe o mundo à sua volta de forma diferente da outra. Por isso, o valor que atribuímos a tudo é diferente. A maneira de considerar, compreender e interpretar algo é uma impressão mental, pois diz respeito à percepção. Não podemos confundir percepção com realidade.

A realidade compreende o mundo ou o estado de coisas que realmente existem, que são absolutas, autossuficientes e objetivas e não estão sujeitas a decisões ou convenções humanas.

A percepção é a maneira como vemos essa realidade e como a interpretamos. A maneira como lidamos com o trabalho e com a família está muito mais associada com a percepção do que a realidade de fato. Observe que cada pessoa dá um destino diferente para essas áreas da vida, pois cada uma tem uma percepção diferente sobre elas.

SAIBA MAIS

Você já parou para pensar em quantas vezes pautamos conversas e ações de acordo com nossos sentimentos e percepções? Precisamos estar atentos a isso e tentar nos despir dessas impressões ou ao menos tentar imaginar como a percepção dos outros é. A comunicação não violenta tem esse ideal como um de seus pontos de partida. Saiba mais sobre o assunto:

Quando fazemos planos elaborados a partir de percepções, é muito difícil trabalhar em cima da realidade, pois ela é extremamente imparcial. O que podemos fazer é trabalhar e desenvolver o conhecimento para descobrir mais sobre a realidade. A ciência trabalha com fatos comprovados, evidências que são provadas, ou seja, a ciência trabalha com a realidade. Por isso, também precisamos ter noção maior do que é real e do que é ilusão.

É muito importante analisar se estamos ou não tomando nossas decisões com base em percepções equivocadas. Quanto mais próximos de uma visão real da situação, mais próximos estamos da melhor escolha. Os pilotos de avião, por exemplo, são treinados e devem sempre se manter fiéis às leituras dos equipamentos de voo; não têm como tomar decisões com base no que veem do lado de fora, pois as percepções e a visão naquelas condições não são nenhum pouco confiáveis, enquanto os equipamentos trazem informações reais do ambiente. Da mesma forma, quando você vai tomar uma decisão sobre algo muito importante para a sua vida, não deixe as emoções falarem mais alto ou o achismo de alguém – você precisa de ferramentas e instrumentos que o ajudem a avaliar, interpretar e discernir sobre a melhor escolha.

EXERCÍCIO

Pense em uma situação recente em que você precisou tomar uma decisão importante. Você considerou a realidade ou a sua percepção? Tente descrever cada possibilidade em um dos boxes a seguir.

O que aconteceu	O que eu percebi	O que pode ter escapado

Em uma situação de batalha, os dois lados acreditam estar certos, pois cada um tem uma percepção. Mas a realidade é que ambos vão sofrer e ambos terão perdas durante a batalha.

Quando se trata de eventos comuns do cotidiano, devemos também buscar um resultado que se aproxime o máximo da realidade. Ao buscar um novo emprego, por exemplo, temos uma percepção, enquanto o entrevistador pode ter outra. O que precisamos fazer é com que a percepção pessoal e a do entrevistador fiquem o mais próximo possível da realidade. É preciso entender o que a empresa busca e procurar destacar as qualidades individuais que podem atender a essa necessidade. Não se trata de mentir ou de falar o que o outro quer ouvir, mas de selecionar elementos da trajetória pessoal que podem fazer a diferença em relação aos outros candidatos.

REFLITA

Imagine que você é chamado para uma entrevista para o emprego dos seus sonhos. Você se sente preparado para o cargo? Como você mostraria isso para o entrevistador?

Se achasse que era o momento certo, como você faria para manter as portas abertas para oportunidades futuras?

_____

_____

_____

_____

Os mapas usados para representar os territórios não são os territórios em si. As palavras utilizadas para descrever as experiências não são as experiências. São apenas representações verbais daquilo que se pode apresentar. Assim como a realidade exata tem a capacidade de mover as pessoas no rumo certo, uma percepção irreal e confusa pode desorientá-las.

A habilidade de perceber a realidade é uma das mais importantes técnicas que uma pessoa pode ter. A percepção real dos problemas ou das possíveis soluções é a habilidade de formar um vínculo poderoso entre visão de mundo e crenças com um relacionamento de compreensão.

Há sempre alguém que consegue perceber o que ocorre à sua volta com mais facilidade e maior rapidez. Alguém que sabe como chegar lá mais rápido e com maior eficiência, sem se distrair com situações relacionadas apenas à imaginação. O segredo está em separar o que pensamos sobre uma situação daquilo que ela realmente é.

Por isso, quando não conseguimos encontrar a solução para um problema, podemos pensar em mudar a nossa percepção sobre ele. As pessoas às vezes resistem em alterar suas percepções, acreditando que estão certas no que veem, ouvem e lembram. A verdade é que suas percepções costumam ser imprecisas, principalmente em situações de grande carga emocional.

Pense em seus comportamentos e percepções em momentos de estresse passados. Olhando em retrospecto, você acha que estava correto?

O modo como concentramos nossa atenção também afeta as nossas percepções. Quando temos uma ideia em mente, tendemos a procurar evidências que a apoiem, rejeitando os indícios que dizem que ela não é boa. Isso é chamado de viés de confirmação. A mente tem uma tendência de boicotar situações para validar o que acreditamos. Portanto, uma maneira de mudar sua percepção é verificar as evidências. Busque uma maneira de validar ou testar seus pensamentos de forma mais objetiva.

Também temos a tendência de associar resultados às circunstâncias. Costumamos acreditar que, quando são semelhantes em um aspecto, é provável que sejam em outros, e nem sempre é esse o caso. Por exemplo: se um contato profissional de determinada cidade revela ser uma pessoa muito antipática e rude, há uma tendência de não querer fazer mais negócios naquela cidade.

Sabedoria nos negócios e na vida

ATENTE-SE

Não é realmente um segredo que todos nós vemos, sentimos, cheiramos e ouvimos as coisas de forma diferente. Se você já fez um curso de filosofia, sabe que nossa percepção do que é "real" não se baseia no que esse algo realmente é, mas no que dizemos que é. "Não vemos as coisas como são, vemos as coisas como somos." (Anaïs Nin)

FAÇA O BEM AO PRÓXIMO

Todo bom resultado depende de uma ação concreta, pois é ela que produz resultados. O conhecimento é apenas a capacidade inicial que necessita de alguém para transformá-lo em ação de verdade – a definição verdadeira de poder e capacidade é a habilidade de agir. Dessa forma, o que fazemos na vida é determinado pela forma que pensamos; no entanto, é o agir que define o que somos. Para conseguir os excelentes resultados que desejamos, precisamos compreender que nossas ações se estendem às pessoas.

Ao observar pessoas bem-sucedidas, é comum acreditarmos que elas são possuidoras de algum dom especial. Quando as observamos com mais profundidade, vemos que o seu maior dom pode ser a empatia ou a forma criativa de ver o mundo. De modo geral, relaciona-se à capacidade de colocar em prática o mesmo bem que se deseja para si mesmo para os outros, transformando o mundo a partir daquilo que se acredita.

Quando adotamos e praticamos o bem, podemos mudar nossa experiência de vida e as experiências de outras pessoas. Toda conduta e sentimento estão embasados em alguma forma de comunicação. Quando vivemos a nossa verdade, impactamos pensamentos, sentimentos e ações dos outros. Para isso, é preciso ter resiliência, que é a capacidade de enfrentarmos dificuldades sem desanimar.

SAIBA MAIS

Recentemente, escrevi um artigo sobre resiliência do LinkedIn. Confira:

Nosso nível de domínio sobre a forma com que praticamos o bem ao próximo determina muito do nosso sucesso no campo pessoal, profissional, emocional, social e financeiro. E, mais importante ainda, determina o nível de sucesso que experimentamos internamente, sentindo alegria, felicidade, amor ou qualquer outro sentimento bom. O significado das coisas é atribuído por nós mesmos.

ATENTE-SE

É bem verdade que o mundo anda numa correria só. Pior ainda é quando vemos pessoas ao nosso redor preocupadas com tantas coisas – com negócios, prazeres, status –, mas raramente o ser humano volta o olhar ao próximo, às suas limitações, necessidades e até mesmo desejos. Como podemos agir de modo que sejamos a própria transformação viva desse tipo de comportamento?

Em tempos de adversidade, é comum nos sentirmos sem motivação ou colocar de lado a preocupação com a saúde e com o bem-estar coletivo.

Conhecemos muitos ditados populares que nos impulsionam a acreditar que é possível que o ser humano direcione o seu olhar para quem está ao seu lado. Nossa própria vida social corrobora essa ideia: aprendemos desde muito cedo a dividir, a emprestar, a cooperar, mas ainda, mesmo adultos, precisamos nos matricular urgentemente na escola do amor ao próximo. Vale uma reflexão sobre como essa sabedoria popular nos incentiva a fazer o bem sem olhar a quem. Para isso, é preciso recarregar nossas energias físicas e emocionais para a prática da empatia. Pessoas empáticas são de uma grandeza única, sendo verdadeiras inspirações pelas pessoas ao redor, que poderiam e deveriam já ter oferecido sua mão ao próximo.

Não há uma fórmula exata para exercitar a empatia, mas há exemplos a serem seguidos, como de Martin Luther King, Nelson Mandela, Zilda Arns, Helen Keller e tantos outros que, em vida, se empenharam na busca constante da empatia e do amor ao próximo. Há uma frase muito inspiradora de Helen Keller, que diz: "As melhores e as mais lindas coisas do mundo, não se podem ver nem tocar. Elas devem ser sentidas com o coração".

EXERCÍCIO

Existe alguma frase ou exemplo que ilustra o que é empatia para você? Registre aqui.

Ações empáticas e solidárias têm resultados extremamente valorosos e duram para a vida. Você já pensou nisto e em como as pessoas solidárias estão sempre cercadas de afeto, reconhecimento e gratidão? Como já dizia o Clube da Esquina, "o solidário não quer solidão".

Muitos falam que cada ser humano tem pelo menos um dom. A palavra dom significa, pelo dicionário Aurélio: dádiva, presente, uma qualidade inata, méritos, merecimento e até mesmo poder. O poder de desenvolver o maior dos dons hoje é fundamental. Ajudar alguém apesar de tudo, apoiar alguém mesmo não recebendo nada em troca, acolher o próximo mesmo na maior de todas as dificuldades fazem do dom do ser humano que o detém um dom do amor.

Quando voltamos nossos olhares para muitas pessoas de sucesso, vemos que elas estavam sempre dispostas a compartilhar algo, tornar a atividade coletiva e que o sucesso não viria por acaso, mas pela união de todos em busca dos maiores objetivos, independentemente do grau de complexidade.

Certo dia tive a grata oportunidade de ler um "post" na internet que dizia: "Fazer bem ao próximo é a melhor forma de estar mais próximo de Deus". Esta frase me chamou muito a atenção pois ela nos remete à lembrança de que a fonte do amor e da solidariedade pode estar alinhada com a nossa fé e com tudo aquilo que cremos e desejamos para o mundo.

EXERCÍCIO

Por isso, propomos aqui uma ação: aproveite o dia de hoje para fazer bem a alguém. Olhe ao seu redor e perceba que há pessoas precisando de uma mão estendida para poder ter a oportunidade de voltar a sorrir. Não é preciso esperar uma grande oportunidade para isso, comece agora mesmo!

Fui testemunha ocular de uma situação que ilustra bem essa ideia. Em uma ação de ajuda ao próximo, em um bairro simples na cidade de São Paulo, um grupo de pessoas uniram-se e foram de casa em casa pedindo alimentos para uma campanha de doação. Numa dessas casas, vivia uma senhora, viúva, simpática, humilde, dona de um coração "para lá" de grande. Quando ela soube da campanha, pediu para que entrassem em sua casa, levou todos até a cozinha e manifestou seu interesse em ajudar, mas que só tinha meio pacote de alimento em toda a sua casa. Em vez de guardar, ela queria dividir. Foi emocionante ver sua solidariedade. Sem ela saber, ao fim daquele dia, mais de uma tonelada de alimentos havia sido arrecadada. Assim, o mesmo grupo levou até ela cerca de 50 quilos de alimento, como forma de gratidão pelo seu gesto de amor tão explícito.

Cada ato de bondade é como uma corrente do bem, um elo que se conecta a outro ato de bondade. Aqueles que são mais felizes são aqueles que mais fazem pelos outros.

Se temos consideração pelas pessoas – sejam elas da família, amigos, colegas de trabalho ou quaisquer outras –, significa que temos apreço, respeito e uma grande estima pela vida humana, pelas pessoas e pelo bem coletivo. A base para essa virtude é o altruísmo e a ausência de egoísmo, para que consideremos as pessoas tão importantes quanto nós mesmos, independentemente da posição social, política ou religiosa.

Da mesma forma que não se importar com as pessoas é prejudicial, fazê-lo em excesso também é problemático. Ambos os casos são danosos – não apenas para quem convive com quem age dessa forma, mas também para a própria pessoa. No caso da que não tem consideração pelas pessoas, o ponto crucial a ser trabalhado é o egoísmo; no das pessoas que se colocam em segundo plano, o amor-próprio pode ser um desafio.

O amor-próprio é valioso e importante, mas sem ultrapassar a linha do egoísmo. Não significa que você está sendo fraco ao dar atenção a uma pessoa, cuidar ou colocar a necessidade dela na frente da sua, desde que seja necessário e que ninguém tire vantagem de você. Exemplificando: quando um amigo está doente e precisa da visita de alguém para animá-lo, você cancela outros compromissos que possa ter para visitá-lo.

Existem muitas formas de fazer o bem. Muitos focam apenas as formas materiais e financeiras. Na maioria das vezes, as formas mais importantes de se ajudar alguém se dão com gestos, palavras, apoio emocional e orientação.

VIRTUDES QUE ABREM PORTAS

A importância das virtudes e de como transmitir valores agora é um tema que vem sendo discutido amplamente. A geração dos *millenials*,

Resultados na vida e nos negócios

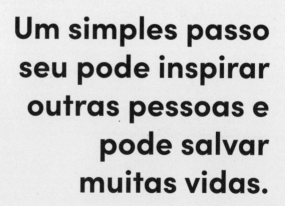

Um simples passo seu pode inspirar outras pessoas e pode salvar muitas vidas.

@josepaulogit

Sabedoria nos negócios e na vida

nascidos entre a década de 1980 e 1990, fixou algumas normas e parâmetros de comportamentos aceitáveis, que foram consolidados pela geração Z. Os jovens cobram valores éticos, morais e de equidade em diferentes áreas da vida, em um comportamento que tende a se instaurar à medida que eles conseguem mais espaço no mercado de trabalho e na sociedade como um todo.

As virtudes são disposições para realizar boas ações, sendo forças de caráter essenciais para o funcionamento ideal dos indivíduos e da sociedade. Pense em honestidade, compaixão, coragem, justiça, perseverança ou perdão. É difícil imaginar que qualquer pessoa ou sociedade possa prosperar sem uma boa quantidade dessas qualidades, não é mesmo? Isso porque as virtudes são o que nos permite viver bem junto com os outros, ter resiliência diante das adversidades, florescer e conquistar uma vida boa.

Embora a felicidade seja parcialmente determinada por questões variadas, uma quantidade substancial dela ainda está em suas mãos. As virtudes são as ferramentas indispensáveis com as quais é cultivada a felicidade.

O conjunto de evidências que comprova a ligação entre virtudes e felicidade é bastante robusto. Alguns estudos investigaram o papel das virtudes na prevenção e ajuda com situações que levam ao vício e dependência química. Por exemplo, qualidades como coragem, visão de vida, otimismo, habilidades interpessoais, ética profissional, esperança e perseverança reduzem e protegem contra o abuso de substâncias, violência, doença mental e suicídio.

Vários autores sobre comportamento humano identificaram que algumas virtudes realmente impactam de forma significativa a felicidade. Utilizando como estudos vários grupos e aplicando metodologias diferentes, observou-se que virtudes como amor, gratidão, esperança, entusiasmo e sabedoria emergem como as mais fortes ligadas à felicidade. Outras virtudes – como persistência, perdão, liderança, bondade, justiça e criatividade – também estão associadas à felicidade, mas em um nível menor.

Ao observar as virtudes mais intimamente associadas à felicidade, tais como gratidão, entusiasmo e amor, o que chama a atenção é que todas elas têm um aspecto transcendente e facilitam conexões com alguém. Por exemplo, a gratidão conecta a uma força benevolente e a outras pessoas; o entusiasmo conecta à vida; o amor, é claro, nos conecta uns aos outros. Transcender o "eu" e conectar-se a algo maior do que o "eu" são considerados elementos-chave da felicidade.

Apesar das melhores intenções, agir de maneira correta não é tão simples assim. A falha que se depara em autorregular-se diz respeito à dificuldade que se tem de sair da zona de conforto. Quando você considera os opostos das virtudes, como preguiça, gula ou luxúria, precisa reconhecer que eles dependem do seu autocontrole. Se almeja ser mais honesto, corajoso e paciente, por exemplo, necessitará reconhecer e superar seus limites e fraquezas. Está em suas mãos desenvolver suas habilidades para a virtude e a felicidade, substituindo seus hábitos cognitivos, emocionais e comportamentais menos saudáveis por outros mais saudáveis.

Ao desenvolver hábitos emocionais, comportamentais e intelectuais melhores, precisamos também desenvolver a virtude da abertura. Ou seja, deixar que os outros vejam esse desenvolvimento no dia a dia. Precisamos nos comunicar com assertividade, expondo nossas ideias de forma respeitosa e também ouvindo com atenção aos demais, para ampliar nossos horizontes e pensamentos. Significa abrir a mente para o que os outros têm a dizer, sem prejulgamentos e sendo bem receptivo, mudando de opinião caso seja o mais racional a se fazer. Lembre-se, ninguém gosta de ouvir "você está errado"! As discordâncias são inevitáveis em qualquer tipo de relação, porém existem diversas maneiras de críticas com tato e sem ferir as pessoas com suas palavras. Precisamos discernir sobre o que é uma opinião pessoal e o que é uma verdade absoluta.

Devemos também reconhecer que a felicidade é contagiosa e as virtudes também. Devemos pensar em como é importante ter sabedoria e como nossas companhias nos influenciam – e o contrário também, afinal, também influenciamos as pessoas ao nosso redor. Um dos maiores privilégios da vida é estar rodeado de pessoas que são modelos inspiradores. Por que não ser essa pessoa para os outros?

Há muitos anos, descobri na força de vontade e na persistência o caminho para realizar aquilo que eu buscava. Não se tratava de sempre vencer, mas sim de me manter firme em meus objetivos. Hoje, ao lado de minha família e com uma vida de contentamento, acredito que qualquer pessoa pode também dar essa guinada de transformação em sua própria história. Acredite em seus valores, mantenha-se firme em seu plano e siga o exemplo daqueles que o inspiram. Reconheça tudo o que você já passou e acredite no potencial da sua força. Viva a sabedoria em todos os campos da sua vida e deixe que ela seja a bússola que o guia nessa jornada de crescimento e desenvolvimento.

REFERÊNCIAS

ALMEIDA, R. Religião em transição. In: **Horizontes das ciências sociais:** antropologia. Coordenador geral Carlos Benedito Martins. Coordenador de área Luiz Fernando Dias Duarte. São Paulo: Anpocs, 2010.

ASENSIO, V. M. **Livros sapienciais e outros escritos.** Trad. M. Gonçalves. São Paulo: Ave Maria, 2005.

BARRERA, J. T. A **Bíblia Judaica e a Bíblia Cristã:** Introdução à história da Bíblia. Vozes, 1995.

BIRMAN, P.; MACHADO, C. A violência dos justos: evangélicos, mídia e periferias da metrópole. **Revista Brasileira de Ciências Sociais,** 2012. No prelo.

CALHOUN, C.; JUERGENSMEYER, M.; VAN ANTWERPEN, J. (Org.). **Rethinking secularism.** Oxford: Oxford University Press, 2011.

CRETTON, V. **Território sagrado:** a geografia das relações sociais em uma comunidade evangélica. Monografia (Graduação em Ciências Sociais) – Universidade do Estado do Rio de Janeiro, Rio de Janeiro, 2008.

FOUCAULT, M. Outros espaços. In: FOUCAULT, M. **Estética:** literatura e pintura, música e cinema. Organização e seleção de textos: Manoel Barros da Motta. Rio de Janeiro: Forense Universitária, 2009.

GOLEMAN, D. **Inteligência emocional.** 1. ed. Tradução: Marcos Santarrita. Rio de Janeiro: Objetiva, 2011.

GRELOT, P. **Introdução à Bíblia.** 2. ed. Trad. de monjas beneditinas. São Paulo: Paulinas, 1975.

KONINGS, J. **A Bíblia, sua história e leitura:** uma introdução. Petrópolis, Vozes, 1992.

KONINGS, J. A Bíblia, sua origem e sua leitura: introdução ao estudo da Bíblia. 7. ed. Petrópolis: Vozes, 2011.

LÍNDEZ, J. V. Sabedoria. Trad. J. R. Costa. São Paulo: Paulinas, 1995.

MANNUCCI, V. Bíblia, palavra de Deus: curso de introdução à Sagrada Escritura. Trad. L. J. Gaio. São Paulo: Paulinas, 1985.

MAXWELL, J. C. Bíblia da liderança Cristã. São Paulo: Sociedade Bíblica do Brasil, 2007.

PEREIRA, N. B. Livro da Sabedoria: aos governantes, sobre a justiça. Petrópolis/São Leopoldo: Vozes 1999.

REESE, J. Hellenistic influence on the Book of Wisdom and its consequences. Rome: Biblical Institute Press, 1970.

SALAZAR, A. C. Sabiduria. In: LEVORATTI, Q. J. Comentário Bíblico latino-americano: Antigo Testamento, Vol. II, Livros proféticos y sapienciales. Estella, Editorial Verbo Divino, 2007.

SCHARBERT, J. Introdução à Sagrada Escritura. 4. ed. Trad. F. Dattler. Petrópolis: Vozes, 1983.

TEIXEIRA, F.; MENEZES, R. (Org.). As religiões no Brasil: continuidades e rupturas. Petrópolis: Vozes, 2006.

TRESE, L. J. The Faith Explained – Copyright Nazareth College, Indiana, USA 1990.

VIRGULIN, S. Sabedoria. In: BALLARINI, P. T. (dir. geral). Os livros poéticos: Salmos, Jó, Provérbios, Cântico dos Cânticos, Eclesiastes, Eclesiástico, Sabedoria. Trad. N. B. Pereira e E. F. Alves. Petrópolis, Vozes, 1985, p. 284-305. (Coleção Introdução à Bíblia com Antologia Exegética.)

QUEM SOMOS?

A Ideal Books ganhou vida por acreditar que o conhecimento é uma das maiores ferramentas de poder para transformar as pessoas, afinal, é por meio das pessoas que mudamos a realidade do mundo. Por essa razão, diante de tantos cenários caóticos, com informações falsas e dúvidas sobre quais são os caminhos certos e errados, a nossa missão ganha cada vez mais força, pois a verdade é libertadora e permite que homens e mulheres façam suas próprias escolhas com segurança.

Somos inquietos, queremos um país melhor, e é por meio dos nossos livros e produtos com metodologias comprovadas e da nossa cultura empreendedora de resultados que vamos levar conhecimento aplicado a todos que buscam transformação de vida e de negócios. Foi por isso que a Ideal Books desenvolveu dois selos para ensinar a todos como conquistar equilíbrio e resultados com perenidade, ética e verdade: o selo **Ideal Business**, que distribui conhecimento voltado para todo o universo empreendedor, e o selo **Ideal Life**, que distribui conhecimento voltado ao desenvolvimento pessoal.

A Ideal Books é uma editora do Grupo Ideal Trends, um conglomerado de empresas multimilionário, íntegro e antenado com as principais demandas do mercado. Temos a certeza de que, com a nossa estrutura, métodos e a missão em espalhar a verdade, temos o mapa perfeito para potencializar qualquer expert que esteja alinhado com os nossos princípios e valores.

Conheça nossa loja:

BÔNUS

Escaneie o QR Code a seguir e tenha acesso ao bônus exclusivo deste livro.